NEUVAINE AU SACRÉ-COEUR DE JÉSUS

AVEC UNE INTRODUCTION DU TRADUCTEUR

SAINT ALPHONSE DE LIGUORI

Traduit de l'italien par
A. RICHE

TABLE DES MATIÈRES

Lettre de son éminence le Cardinal Jacobini, secrétaire
d'État, à M. L'abbé A. Riche — 1

INTRODUCTION DU TRADUCTEUR
L'ABBÉ A. RICHE. Prêtre de Saint-Sulpice à Paris.
LE CULTE DU SACRÉ-COEUR. — 5
Notes — 13
LE CŒUR PRINCIPE DE LA VIE. — 16
LE CŒUR DANS LA SAINTE ÉCRITURE. — 19
NEUVAINE AU SACRÉ-CŒUR. — 23

NEUVAINE AU SACRÉ-COEUR DE JÉSUS
PAR SAINT ALPHONSE DE LIGUORI
NOTICE DE SAINT ALPHONSE DE LIGUORI SUR LA
DÉVOTION AU COEUR ADORABLE DE JÉSUS — 27
PREMIÈRE MÉDITATION — 31
LE CŒUR AIMABLE DE JÉSUS
DEUXIÈME MÉDITATION — 34
LE CŒUR AIMANT DE JÉSUS
TROISIÈME MÉDITATION — 37
LE CŒUR DE JÉSUS HALETANT D'AMOUR
QUATRIÈME MÉDITATION — 40
LE CŒUR DE JÉSUS ACCABLÉ DE DOULEUR
CINQUIÈME MÉDITATION — 43
LE CŒUR COMPATISSANT DE JÉSUS
SIXIÈME MÉDITATION — 46
LE CŒUR LIBÉRAL DE JÉSUS
SEPTIÈME MÉDITATION — 49
LE CŒUR RECONNAISSANT DE JÉSUS
HUITIÈME MÉDITATION — 52
LE CŒUR DE JÉSUS MÉPRISÉ
NEUVIÈME MÉDITATION — 55
LE CŒUR FIDÈLE DE JÉSUS
COR DEI ET COR HOMINIS — 58
LE COEUR DE DIEU ET LE CŒUR DE L'HOMME
LITANIES DU SACRÉ-COEUR DE JÉSUS — 69

LETTRE DE SON ÉMINENCE LE CARDINAL JACOBINI, SECRÉTAIRE D'ÉTAT, À M. L'ABBÉ A. RICHE

À MONSIEUR L'ABBÉ A. RICHE
Prêtre de Saint-Sulpice à Paris.

Révérend Monsieur,

Monseigneur le Nonce Apostolique à Paris a fait parvenir à Rome les seize volumes que vous désiriez offrir au Saint-Père comme hommage filial, en même temps que la lettre profondément respectueuse qui l'accompagnait.

Ces volumes et cette lettre, c'est moi qui les ai remises aux mains vénérées de Sa Sainteté ; et je me réjouis de vous faire connaître que l'auguste Pontife a daigné agréer ce témoignage de votre vénération particulière envers sa personne sacrée avec une vive satisfaction. Il l'a exprimée dans les termes d'une bienveillance toute paternelle pour l'infatigable auteur de tant d'ouvrages scientifiques et religieux, qui ont obtenu déjà un si grand succès de propagande, non seulement dans leur langue originale, mais encore dans plusieurs traductions.

Il m'est très agréable de vous notifier l'accueil fait à votre offre par le Chef de l'Église ; bien assuré que cette bienveillance, avec la Bénédiction de Sa Sainteté, vous seront d'un grand encouragement dans les conditions où vous vous trouverez, après de longues années passées dans l'exercice du saint ministère et dans les fatigues occasionnées par vos œuvres.

C'est dans cette assurance que je me félicite d'avoir à vous exprimer les sentiments d'estime distinguée avec lesquels je suis, Révérend Monsieur, votre très affectueux dans le Seigneur.

L. Cardinal. JACOBINI.
Roma, 21 février 1883.

INTRODUCTION DU TRADUCTEUR

L'ABBÉ A. RICHE. PRÊTRE DE SAINT-SULPICE À PARIS.

LE CULTE DU SACRÉ-COEUR.

L'Église de Dieu aurait été ingrate envers son divin Chef, si elle avait attendu seize siècles avant de rendre à son Cœur sacré la reconnaissance, l'amour et les adorations qui lui sont dus : cela n'était pas possible. Il est vrai que nous ne voyons pas le culte particulier du Sacré-Cœur de Jésus dans les premiers siècles chrétiens. À l'origine, dans les Catacombes, le culte ne pouvait être qu'incomplet, et il devait tout naturellement se développer dans la suite des âges. Mais, aux premiers temps de l'Église, et aussitôt après l'Ascension de son divin Fondateur, l'Eucharistie existait, le sacrifice de l'autel était offert tous les jours, chez tous les peuples connus ; et, dans l'Eucharistie, le chef-d'œuvre de l'amour de Jésus-Christ, et qui contient réellement et substantiellement son corps en même temps que son âme et sa divinité, on adorait son Cœur.

Plus tard, l'Église voulut rendre à l'Eucharistie des hommages et des adorations d'une solennité toute particulière, et elle institua la grande fête du Corps de Jésus-Christ. Mais, dans ce corps divin, comment le cœur ne se serait-il pas présenté tout naturellement et tout d'abord aux hommages et aux adorations des fidèles ?

Les anciens disaient du cœur de l'homme, que c'est « comme un soleil dans le microcosme ». Oui, l'homme est un microcosme ; mais c'est surtout de Jésus-Christ qu'on peut le dire d'une manière plus exacte et plus complète : c'est Jésus-Christ qui résume non seulement le monde spirituel et le monde corporel, mais le ciel et la terre, mais l'humanité et la divinité. Eh bien, dans la pensée que nous venons de rappeler, le Cœur de Jésus serait comme le soleil de ce microcosme divin. Après cela, nous comprenons qu'on présente l'Eucharistie à la dévotion des fidèles dans un soleil rayonnant. Lorsque nous tombons à genoux devant l'Hostie sainte au centre d'un soleil, nous adorons le Cœur de Jésus ; et c'est pour nous la plus belle et la plus admirable image que l'on puisse nous en donner.

Après le Moyen Âge, cependant, lorsque l'usage s'introduisit de conserver séparément et par honneur le cœur des personnages illustres, et qu'on eut repris les emblèmes un peu vagues des Catacombes, pour faire du cœur, artistiquement, un symbole moral et religieux, l'Église jugea que c'était le temps de rendre au Cœur de son divin Maître un culte tout particulier. Nous allons voir avec quelle prudence et quelle sagesse elle procéda en regard de la science et de la philosophie.

BENOIT XIV.

En 1726, sous le pontificat de Benoît XIII, le Roi de Pologne et les évêques de Cracovie et de Marseille se joignirent aux Religieuses de la Visitation dans une commune supplique, à l'effet d'obtenir du Saint-Siège la concession d'un Office et d'une Messe propres en l'honneur du Sacré-Cœur de Jésus. Le postulateur de cette concession était un Religieux de la Compagnie de Jésus, le Père de Gallifet, qui avait publié, deux ans auparavant, un livre sur le culte du Sacré-Cœur ; et Prosper Lambertini, alors évêque d'Ancône, et plus tard chef suprême de l'Église sous le nom de Benoît XIV, fut désigné dans cette affaire pour être le Promoteur de la Foi auprès de la Congrégation des Rites.

Dans son grand ouvrage de la *Canonisation*, l'illustre successeur de Clément XII raconte lui-même que le Père de Gallifet fit valoir alors, en faveur de sa cause, que le cœur matériel du Sauveur était le siège naturel, le véritable coprincipe de toutes ses vertus et de ses affections intérieures. Mais, à cette époque déjà, dit un savant professeur de l'Université d'Inspruck, l'insuffisance du motif ne put échapper au regard perspicace de Lambertini. Il objecta que, suivant la science moderne, ni l'amour, ni la haine, ni les autres affections de l'âme n'avaient leur siège dans le cœur, mais bien dans le cerveau ; de sorte que les affections se formaient dans cet organe, pour se répandre ensuite jusqu'au cœur par le moyen des nerfs. Or, puisque l'Église ne s'était pas prononcée sur cette question, il proposait de ne point donner suite à une cause qui s'appuyait de préférence sur des conclusions de la philosophie ancienne contredite par la science moderne. La conclusion de Lambertini fut acceptée le 12 juillet 1727 ; et, quoique les postulateurs de la cause eussent continué à la poursuivre directement auprès de la Congrégation des Rites, la supplique du Père de Gallifet fut définitivement écartée le 30 juillet 1729. Il n'en fut plus question sous le pontificat de Clément XII, ni pendant celui de Benoît XIV. Lambertini, devenu successivement archevêque de Bologne, cardinal et Souverain Pontife, avait conservé l'opinion qu'il avait fait prévaloir comme Promoteur de la Foi devant la Congrégation des Rites, et il l'avait reproduite dans son livre, *De la Béatification et de la Canonisation des Saints*, avec tous les détails qui se rattachent à cette affaire*.

SAINT ALPHONSE DE LIGUORI.

Saint Alphonse de Liguori partagea complètement l'opinion de Benoît XIV sur cette question. Voici ce qu'il écrivait en 1758 :

« À mon humble jugement, le bon Père de Gallifet a échoué dans sa tentative, parce qu'il voulut appuyer sa supplique sur un motif qu'il donnait comme certain, lorsqu'il n'était en réalité que fort douteux, *molto dubbio*. Ce fut donc avec raison qu'on lui opposa que c'était une grande question de savoir si les affections de l'âme se formaient dans le cœur ou dans le cerveau ; surtout lorsque les philosophes contemporains enseignaient, avec Muratori, dans sa *Philosophie morale* (chap. II, p. 14), que c'était au cerveau qu'il fallait attribuer le siège des affections. Après cela, aucune décision n'ayant été donnée jusque-là par l'Église, qui évite avec prudence toute décision de ce genre, il n'y avait

---

* BENEDICT. XIV, lib. IV, pars II, cap. XXXI, n°s 21 et seq.

pas lieu d'admettre une requête appuyée sur l'opinion incertaine des anciens philosophes.

« D'un autre côté, on disait que du moment où le motif allégué pour rendre un culte spécial au Sacré-Cœur de Jésus manquait de fondement, il ne convenait pas d'accorder l'Office et la Messe que l'on demandait. En agissant autrement, il y avait à craindre, dans l'avenir, qu'on ne fît d'autres demandes semblables en l'honneur du sacré côté, de la langue, des yeux et des autres membres de Jésus-Christ. Voilà ce que nous trouvons consigné dans le célèbre ouvrage de Benoît XIV sur la *Canonisation*.

« Quant à nous, ajoute saint Alphonse, nous espérons obtenir un jour la concession demandée en faveur du Cœur de Jésus ; mais ce n'est pas sur l'opinion des philosophes anciens que nous fondons notre espérance ; nous nous appuyons sur ce sentiment commun des philosophes tant anciens que modernes, que le cœur, alors même qu'il ne serait pas le siège des affections et le principe de la vie, est cependant une des principales sources et l'un des principaux organes de la vie humaine ». Le savant Muratori le reconnaît lui-même dans l'ouvrage cité.

« En effet, aujourd'hui, les physiologistes reconnaissent communément que le cœur est la source et le principe de la circulation du sang, et que c'est à cet organe que correspondent les artères et les veines. En conséquence, il n'est pas douteux que les autres parties du corps n'en reçoivent le mouvement. Si donc le cœur est une des principales sources de la vie humaine, on ne peut douter non plus qu'il n'ait une des premières parts dans les affections de l'homme. C'est là, en effet, ce que l'on constate par l'expérience : les affections internes de douleur et d'amour impressionnent plus vivement le cœur que toutes les autres parties du corps. En ce qui regarde tout spécialement l'amour, sans parler de beaucoup d'autres Saints, on lit dans la Vie de saint Philippe de Néri que, dans les ardeurs de son amour pour Dieu, la chaleur de son cœur se faisait sentir à la poitrine, et que le cœur palpitait si fort qu'il repoussait la tête de ceux qui l'en approchaient. Par un prodige surnaturel, Dieu avait dilaté les côtes du Saint, pour permettre à son cœur, dans l'ardeur de son amour, de trouver plus d'espace à ses agitations. Sainte Thérèse écrit elle-même, dans sa Vie, que plusieurs fois Dieu lui envoya un Ange qui la frappait au cœur, et qu'elle en restait ensuite tellement embrasée d'amour qu'elle se sentait physiquement brûler et défaillir. C'est là un phénomène très remarquable, et d'où l'on peut conclure que les affections d'amour s'impriment, sous l'action de Dieu, dans le cœur des Saints ; aussi l'Église n'a-t-elle fait aucune difficulté d'accorder aux Carmélites déchaussées une Messe propre en l'honneur du cœur transpercé de sainte Thérèse[1].

« On ajoute encore que l'Église a autorisé un Office et une Messe propres en l'honneur des instruments de la Passion de Jésus-Christ, tels que la Lance, les Clous et la Couronne d'épines. Benoît XIV en fait mention au n°18 de l'ouvrage cité, et il rapporte à ce sujet ce jugement d'Innocent VI : *Dignum reputamus, si de ipsis Passionis specialibus instrumentis, et præsertim in partibus in quibus instrumenta ipsa dicuntur haberi, speciale festum celebretur, nosque Christi fideles in eorum devotione divinis officiis specialiter foveamus.* Or, si l'Église a jugé bon de vénérer d'un culte spécial la Lance, les Clous et les Épines, parce que ces instruments ont touché les membres du Sauveur qui ont plus particulièrement souffert dans sa Passion, à plus forte raison peut-on espérer qu'elle accordera un culte particulier en l'honneur du Sacré-Cœur de Jésus. Ce Cœur, en effet, eut une très grande part dans ses saintes affections et dans les extrêmes douleurs qu'il endura intérieurement à la vue des tourments qu'on lui préparait et de l'ingratitude que les hommes lui réservaient, après tout l'amour qu'il leur avait témoigné. Ainsi s'explique la sueur de sang que Notre-Seigneur éprouva dans le jardin des Oliviers. On ne peut s'en rendre compte que par une contraction du cœur qui mit obstacle à la circulation du sang, et qui produisit un épanchement à l'extérieur. Cette contraction et cet épanchement ne durent pas avoir une autre cause que la frayeur, l'ennui et la tristesse que Jésus éprouvait intérieurement, et que les Évangélistes attestent par ces mots : *Cœpit pavere, tædere et mæstus esse.* (Marc. XIV, 33, et Matth. XXVI, 37.)

« Quoi qu'il en soit, dans l'avenir, des décisions de l'Église, nous nous efforcerons dès maintenant de donner satisfaction aux âmes qui aiment Notre-Seigneur Jésus-Christ, et qui désirent s'appliquer, pendant une neuvaine au Sacré-Cœur, à l'honorer dans le Sacrement de l'autel par de saintes considérations et par de pieuses affections*. »

En résumé, dit le Père Daniel, « selon saint Alphonse de Liguori, le Père de Gallifet a eu tort de vouloir fonder sa thèse en faveur du Sacré-Cœur sur une vérité contestée, à savoir que le cœur est le siège des affections². Nous sommes de son sentiment : il suffit que le cœur joue un rôle essentiel dans les fonctions de la vie, et surtout qu'il soit le symbole le plus naturel et le plus populaire de la partie affective de notre âme†. »

Les vœux et l'espoir de saint Alphonse se réalisèrent de son vivant. En 1765, sous le pontificat de Clément XIII, la demande qui avait été écartée par Lambertini fut renouvelée par les évêques de Pologne dans un Mémoire présenté à la Congrégation des Rites : elle reçut alors satisfaction. Conclure, de cette concession, que l'objection autrefois soulevée par Lambertini aurait été par là même considérée comme réfutée par la science, serait forcer manifestement les données de l'histoire. La concession fut faite alors parce qu'elle était appuyée d'ailleurs sur des motifs d'un ordre supérieur à celui des diverses opinions en présence ; elle fut accordée surtout, parce que le temps était venu, suivant le jugement infaillible de l'Église, de donner satisfaction aux pieuses sollicitations d'un si grand nombre de ses enfants. La sacrée Congrégation le déclara elle-même. Par cette concession, elle voulait « donner un nouveau lustre à un culte déjà établi, et renouveler symboliquement la mémoire de ce divin amour, par lequel le Fils unique de Dieu s'est revêtu de la nature humaine‡ ». En définitive, la Congrégation des Rites ne s'est donc pas déjugée, et son décret de 1765 n'a rien qui contredise celui de 1729.

Il est à remarquer que le diocèse de Paris fut le premier, en France,

---

* *Novena del Cuore di Gesù*. Notizia, 241-245. Torino, 1826, d'après l'édition de 1758. Les pages que l'on vient de citer sont extraites de la Notice qui précède les *Méditations sur le Sacré-Cœur*, et qui est intitulée : *Notizia della divozione verso il Cuore adorabile di Gesù*. Ces pages sont celles qui terminent la Notice, et les premières sont reproduites à la suite de cette Introduction. La raison de ce partage est facile à saisir : en laissant à sa place la partie ascétique de la Notice, on a joint la partie historique à l'Introduction, qui est, à proprement parler, l'histoire du culte du Sacré-Cœur de Jésus.
† *Histoire de la Bienheureuse Marguerite-Marie*, p. 451. Paris, Lecoffre, 1865.
‡ Décret du 6 février 1765. — Ap. ALBAN BUTLER et DE RAM, *Vie des Pères, des Martyrs*, etc., t. VI, p. 232. Bruxelles, 1854

où la dévotion au Sacré-Cœur de Jésus fut établie, et où les pieux fidèles témoignèrent plus d'empressement à l'embrasser. Dès l'année 1748, on célébrait avec magnificence, dans l'église Saint-Sulpice, la consécration d'un autel dédié aux Sacrés-Cœurs de Jésus et de Marie.

Cette consécration fut faite par le Nonce du Pape, Durini, archevêque de Rhodes.

NOTES

LE CULTE DU SACRÉ-CŒUR.

1. NOTE SUR LE CŒUR DE JEANNE D'ARC :
   Après les prodiges sensibles de l'amour de Dieu dans le cœur des Saints, un Français ne se rappelle pas sans émotion celui qui se produisit dans le cœur de Jeanne d'Arc à l'heure de sa mort.
   « Quand Jeanne fut morte, les Anglais firent retirer le feu pendant quelque temps, pour que le peuple fût bien assuré qu'elle n'était plus du monde, et qu'on ne dît pas qu'elle avait échappé d'une manière miraculeuse. Et toutefois il arriva un merveilleux événement. Quelque quantité d'huile, de soufre et de charbon que le bourreau amassât sur le cœur et les entrailles de la Pucelle, le feu ne parvint pas à consumer ces parties de son corps. Ceci a été attesté sur la foi du serment par le bourreau lui-même, qui en fut étonné au plus haut point, comme d'un miracle. En conséquence, le cardinal d'Angleterre ordonna de jeter dans la Seine le cœur, les cendres et tout ce qui restait de Jeanne, afin qu'il ne demeurât rien d'elle qui pût être un objet de vénération. » — (*Jeanne d'Arc*, d'après les chroniques contemporaines, Guido GERRES, traduit de l'allemand par M. Léon BORÉ, chap. XXXII, page 379.)
2. NOTE SUR LE SIÈGE DES AFFECTIONS DANS L'HOMME :
   Dans le conflit des théories diverses sur le véritable siège des affections, après les expériences, les découvertes et les conclusions de la science contemporaine, il est au moins très intéressant de constater l'accord de cette science avec les données scientifiques exposées par Benoît XIV, plus de cent cinquante ans auparavant.
   Or voici, sur cette question, les conclusions de Claude Bernard et de M. le professeur Vulpian.
   Les philosophes contemporains de Benoît XIV avaient refusé déjà de placer l'amour dans le cœur comme dans son siège, et ils le mettaient dans le cerveau : *Recentiores philosophi amorem non in corde, tanquam in sede sua, sed in cerebro collocant.*
   « Non, dit Claude Bernard, le cœur n'est pas plus le siège de nos sentiments que la main n'est le siège de notre volonté : c'est un instrument qui concourt à l'expression de nos sentiments comme la main concourt à l'expression de nos volontés », mais en réalité c'est le cerveau qui doit être considéré comme le siège de l'amour.
   Et M. le professeur Vulpian ajoute : « C'est dans les deux hémisphères cérébraux que se produisent les émotions morales, la joie, la tristesse, par exemple ; et c'est de là que ces émotions vont mettre en jeu, par l'intermédiaire d'autres centres, ces réactions que nous avons nommées émotionnelles. »
   Dans cette doctrine scientifique, on compare les phénomènes de la sensibilité affective à ceux qui se produisent dans un galvanomètre. Cet appareil se compose de trois parties : la pile électrique, les fils et l'aiguille du cadran. Quand l'action électrique se produit dans la pile, il survient aussitôt dans cette pile et dans les fils des modifications intimes et très réelles, tout insaisissables qu'elles soient à l'extérieur. C'est seulement sur l'aiguille que ces modifications se manifestent d'une manière sensible : les moindres variations du courant la troublent, l'agitent et l'affolent. Dans ce cas, la pile est le principe et le siège des phénomènes primitifs ; et l'aiguille du cadran n'est que l'instrument de leurs manifestations extérieures.

Ainsi en est-il dans les phénomènes de la sensibilité affective. Ici, la pile, c'est le cerveau ; les fils sont les nerfs, et l'aiguille est au cœur. Quand l'affection se produit au cerveau, il survient aussitôt des modifications qui se communiquent aux nerfs partant de cet organe pour aller jusqu'au cœur ; ces modifications intimes sont certainement très réelles, mais elles demeurent insaisissables. C'est seulement au cœur qu'elles se manifestent sensiblement : le cœur, comme l'aiguille aimantée, se trouble, s'agite ; on le sent affolé dans ses palpitations. Pourra-t-on dire alors que le cœur soit le principe ou le siège de l'affection ? Non, répond Claude Bernard, c'est le cerveau : « À mesure que l'organisme s'élève, le cœur devient un réactif de plus en plus délicat pour trahir les impressions sensitives qui se passent dans le corps ; mais, encore une fois, ce n'est qu'un instrument qui concourt à l'expression de nos sentiments et de nos volontés. »

Dans l'enseignement de Claude Bernard, « quand on dit à quelqu'un *qu'on l'aime de tout son cœur*, physiologiquement, cela signifie que sa présence ou son souvenir éveille en nous une impression nerveuse... C'est d'abord au cerveau que se produit cette impression, ainsi que la perception et l'affection. Ensuite, l'émotion qui en résulte, son action nerveuse est transmise au cœur par les filets du grand sympathique. Jusque-là rien ne se manifeste au-dehors, tout se passe à l'intérieur, au cerveau ou dans les nerfs de transmission. Mais, arrivée au cœur, l'émotion produit son effet d'une manière sensible. Suivant que l'impression a été forte ou faible, il en résulte, soit une suspension momentanée de la circulation, suivie d'un ralentissement plus ou moins long ; soit un arrêt très léger provoquant aussitôt une surexcitation d'énergie dans les mouvements cardiaques. Ainsi donc se produisent les phénomènes de l'émotion et ceux de la syncope... Dans ces différentes conditions, on comprend que l'émotion produise au cœur une perturbation qui se manifeste par des palpitations et par des battements désordonnés. Ce sont les manifestations sensibles des affections diverses produites tout d'abord par l'âme au cerveau...

« En résumé, conclut Claude Bernard, le cœur reçoit le premier de tous l'influence nerveuse cérébrale. D'un autre côté, le cerveau subit avant tous les autres le contrecoup des variations de la circulation du sang. Ces deux organes culminants de la machine vivante entretiennent donc des rapports incessants d'action et de réaction. Les sentiments que nous éprouvons sont toujours accompagnés par des actions réflexes du cœur ; et, bien que le cerveau soit le siège exclusif des sentiments, c'est du cœur que viennent les conditions indispensables de leur manifestation au-dehors. » (*Eod. loc. cit.*)

Ces phénomènes ne justifient certainement pas l'opinion commune qui fait du cœur l'instrument et le siège de l'amour ; mais on comprend très bien qu'il en soit le symbole.

En regard des conclusions de Cl. Bernard et de Vulpian sur le cœur, on a imaginé une nouvelle théorie. Non, a-t-on dit, ce n'est pas le cerveau qui est l'organe instrumental ni le siège de l'amour. Ce n'est pas le cœur non plus, du moins dans le sens où on l'avait entendu jusqu'à présent : c'est le grand sympathique. C'est au grand sympathique que doivent se rapporter les principaux phénomènes de la sensibilité, c'est lui qui est le siège de l'amour... Malheureusement la physiologie ne reconnaît au grand sympathique qu'un rôle de transmission. « L'expérience, dit Béclard, montre qu'il puise son principe d'action dans la moelle ; et comme la moelle n'est en relation avec le cœur que par le grand sympathique, c'est par cette voie que s'opère la transmission de l'incitation motrice. » « Il est reconnu, ajoute le professeur Mat. Duval, que le grand sympathique n'a qu'une force d'emprunt ; de sorte que l'expression même de système grand sympathique ne signifie plus rien. » Arrêtons-nous donc aux conclusions suivantes :

1° Étant admis que l'âme ne pense, dans son état présent, qu'avec le concours de l'imagination, et que l'imagination ne fonctionne qu'avec le concours d'un organe corporel, il est certain que cet organe est le cerveau. Et c'est aussi le cerveau, sous l'action du système nerveux, qui est l'organe producteur et le siège des sentiments.

2° Le cœur est l'organe qui, par sa relation étroite avec certaines parties du grand sympathique, reçoit plus fidèlement, plus promptement et plus énergiquement le contrecoup des sentiments. Il est donc, plus que tout autre viscère, l'organe de leurs manifestations.

LE CŒUR PRINCIPE DE LA VIE.

En s'appuyant sur le témoignage des physiologistes de son temps pour affirmer, avec Muratori, que « le cœur est une des principales sources et l'un des principaux organes de la vie », saint Alphonse de Liguori était parfaitement d'accord avec les conclusions de notre science contemporaine. En effet, à l'état actif, on convient que le cœur est un instrument propulseur du sang dans tous les organes du corps ; or, le sang contenant la vie qui doit les alimenter, on peut même dire, avec un de nos plus célèbres physiologistes, et comme Harvey, que s'il n'est pas le siège des affections, il est cependant le *principe de la vie*.

Au témoignage du génie qui a découvert la merveille de la circulation, « une fois arrivé aux diverses parties du corps, le sang se refroidit, se coagule et devient inactif. Il retourne alors à son principe, c'est-à-dire au cœur, pour y reprendre toute sa perfection. Là, il trouve une chaleur naturelle, puissante, qui est le trésor de la vie ; qui est riche, si je puis m'exprimer ainsi, en parfums ; puis il est de nouveau envoyé à tous les organes ; et ce mouvement circulaire dépend des mouvements et des pulsations du cœur.

« Ainsi le cœur est le principe de la vie et le soleil du microcosme, de même que l'on pourrait dire du soleil qu'il est le cœur du monde. C'est par lui que le sang se meut, se vivifie, résiste à la putréfaction et à la coagulation. En nourrissant, en réchauffant, en ranimant le sang, ce divin organe sert tout le corps : c'est le fondement de la vie et comme la source de toutes choses*. » Oui, ajoutait Harvey, « le cœur, c'est le roi de l'organisme humain ».

Et maintenant, quand on sait, du Sang de Jésus-Christ, que c'est vraiment celui qui a racheté l'humanité, qu'il a été figuré par les victimes de l'ancienne Loi, et que c'est l'amour d'un Dieu qui l'a substitué sur la Croix à l'inefficacité de tous les sacrifices humains, alors on adore ce Sang précieux dans les veines de l'Homme-Dieu ; mais on l'adore surtout dans le Cœur qui le contient plus abondamment ; et l'on adore ce Cœur, lui aussi, qui propulsa par tout le corps de Jésus le sang divin qui alimenta sa vie du temps, jusqu'à ce qu'il fût répandu, au Golgotha, pour le salut des hommes. On pourrait dire, en quelque sorte, du Cœur de Jésus, ce que le Sauveur révélait dans son entretien avec la Samaritaine : « C'est une source qui jaillit jusqu'à la vie éternelle. »

Un philosophe a dit du cœur de l'homme, que c'est l'organe qui naît le premier et qui meurt le dernier. La science contemporaine n'a pas constaté une parfaite exactitude dans cette affirmation ; elle est vraie cependant d'une manière générale. Or, quand, sur le Calvaire, le Cœur de Jésus eut propulsé aux pieds, aux mains, à la tête, à tous les membres, le sang qui s'en échappait à flots pour la rédemption de l'humanité ; quand tout fut consommé par la mort de l'Homme-Dieu, semblable aux autres physiquement, son Cœur dut se mouvoir pendant quelques instants encore ; et sa dernière dilatation fut comme le témoignage suprême de son amour divin.

« En refusant de reconnaître au cœur le siège de l'amour, dit un auteur italien, les philosophes modernes ne font pas difficulté d'admettre qu'il est, du moins, l'organe le plus sensible aux affections. Nous l'expérimentons, en effet : il se dilate dans la joie, et il se resserre dans la crainte ; il bouillonne dans la colère, et il s'aigrit dans la haine. De là naturellement et communément, le cœur se confond avec l'amour. Quand donc un homme exprime à son ami l'effusion de son âme et qu'il lui dit : « Je vous donne mon cœur, vous êtes le maître de

---

* Traduction du Dr RICHET, professeur à la Faculté de médecine de Paris, p. 109.

mon cœur, assurément il n'entend point parler du muscle de chair qu'il a dans sa poitrine, mais bien de son âme, de son amour », symbolisé par le cœur*.

Pour attribuer au cœur la production du sentiment, on invoque le sens commun et le langage usuel ; mais ils ne prouvent rien en pareille matière, parce que le sens commun ne juge que par les apparences sans remonter aux causes cachées, et parce que le langage usuel conserve par habitude des manières de parler qui ne répondent plus à l'état de la science. N'est-ce point ainsi que l'on s'exprime toujours, par rapport au soleil, comme si cet astre se mouvait réellement autour de la terre ?

D'ailleurs, en concluant que le cerveau doit être considéré comme le siège de l'amour, voici cependant ce qu'on peut ajouter : Comme toute sensation retentit au cœur en modifiant son rythme ; comme le cœur est le plus impressible des organes de la vie végétative, et qu'il reçoit le premier de tous l'influence nerveuse du cerveau, on peut dire aussi, dans un sens large, qu'il est comme un siège de l'amour ; et c'est sans doute ainsi qu'il faut l'entendre lorsque Pie IX a dit du Cœur de Jésus, qu'il est le siège de la divine charité : « *Cor illud sacratissimum divinæ charitatis sedem.* »

---

* Domenico TONOLINI, *l'Amore di Gesù Christo proposto ai fedeli sotto il simbolo del Sacro Cuore*, p. 10 et II.

LE CŒUR DANS LA SAINTE ÉCRITURE.

Semblable au cœur de l'homme matériellement, le Cœur de Jésus n'est pas l'organe instrumental, ni le coprincipe de son âme dans les phénomènes de la sensibilité affective ; il est seulement l'organe de leurs manifestations et le symbole de l'amour. Mais alors ces paroles : « Voilà le Cœur qui a tant aimé les hommes », peuvent s'interpréter de la manière suivante : « Voilà le Cœur qui a tant aimé les hommes », c'est-à-dire : Voilà le Cœur qui a ressenti tant d'amour pour eux ; voilà le Cœur de Celui qui les a aimés jusqu'à se faire homme pour eux, jusqu'à souffrir et à mourir pour eux ; voilà le Cœur qui a donné, qui a distribué, avec la vie, à la tête, aux pieds, aux mains, à tous les organes de Notre-Seigneur, le sang qu'il a versé pour eux ; voilà le Cœur qui a battu, tressailli plus vivement qu'aucun autre, sous l'action naturelle de l'amour divin ; voilà le Cœur de Celui qui nous a tant aimés ; et comment, après cela, ne pourrait-on pas résumer tout ce qu'il a été, tout ce qu'il est encore, et tout ce qu'il sera toujours, en disant : « Voilà le Cœur qui a tant aimé les hommes » ?

Ainsi s'expliquent également toutes les attributions intellectuelles et morales que l'on rapporte au Sacré-Cœur de Jésus, en lui attribuant, comme le fait saint Alphonse de Liguori, non seulement l'amour, mais la compassion, la libéralité, la reconnaissance, la fidélité, etc. Toutes ces attributions se rapportent finalement à l'âme, au sens des Saintes Écritures ; et c'est encore ainsi que le saint Docteur a pu dire du Cœur de Jésus, qu'il est « le siège de toutes les vertus, *la sede di tutte le virtù* ». « Au sens figuré, disait l'auteur italien que nous avons déjà cité, dans le langage des Livres saints, ces vertus qui font le chrétien, sont rapportées au cœur ; mais elles sont en réalité les vertus de l'âme, les vertus de l'esprit. » (Domenico TONOLINI, *Opere citato*.)

Quant aux invocations au Sacré-Cœur de Jésus, elles ne s'adressent point à cet organe divin, en tant qu'il serait séparément doué d'intelligence, de puissance et d'amour. Elles sont adressées, soit à la personne de Jésus-Christ considéré particulièrement dans son Cœur ; soit à ce Cœur lui-même, en tant qu'il est hypostatiquement uni à la Divinité ; soit à l'amour du Sauveur, symbolisé par le cœur ; soit enfin, et le plus souvent, à l'âme de Notre-Seigneur Jésus-Christ. Ainsi s'expliquent encore les invocations des Litanies du Sacré-Cœur de Jésus, et, tout particulièrement, cette invocation maintenant consacrée par l'usage de l'Église universelle : *Cor Jesu sacratissimum, miserere nobis* : Cœur sacré de Jésus, ayez pitié de nous.

À ceux qui ne reconnaissent pas le cœur comme le siège de l'amour, on n'a pas le droit d'opposer l'autorité des Livres saints. Mais il est pour le moins très intéressant de constater quel est leur langage, en regard des opinions émises sur le cœur par les médecins et par les philosophes les plus illustres de l'Antiquité, au milieu des croyances et des préjugés populaires.

En rapprochant les textes sacrés qui nomment le cœur, on croirait d'abord que toutes les conceptions intellectuelles, toutes les affections morales, toutes les facultés de l'âme enfin, doivent être localisées dans cet organe ; mais on reconnaît bientôt que ce mot *cœur* est employé comme synonyme de l'âme, qu'il est opposé au *corps*, à ce qui est sensible extérieurement ; et que c'est d'une manière figurée qu'il est envisagé comme centre de la vie intellectuelle et morale à l'intérieur[*].

« L'homme voit ce qui paraît à l'extérieur, mais Dieu regarde au

---

[*] Il est facile de vérifier l'exactitude de ces observations : il suffit pour cela de parcourir, à la fin de ce volume, les soixante-huit textes que nous avons groupés en dialogue, sous le titre : *le Cœur de Dieu et le cœur de l'homme*.

cœur », c'est-à-dire à l'intérieur : « *Homo videt ea quæ parent, Dominus autem intuetur cor.* » (I Reg. xvi, 7.)

Ajoutons que le mot entrailles (*viscera*) est aussi employé dans les Livres saints comme synonyme de l'âme et du cœur : « Seigneur, disait le Psalmiste, renouvelez dans mes entrailles l'esprit de justice : *Spiritum rectum innova in visceribus meis.* »(Ps. L, 12.) « Ô Corinthiens, s'écriait le grand Apôtre, notre cœur s'est dilaté pour vous recevoir : vous n'y serez point à l'étroit. Mais vous, dans vos entrailles, vous êtes à l'étroit. En vous demandant amour pour amour, je vous parle comme à mes enfants, et je vous le dis : dilatez-vous donc, vous aussi ; et alors, c'est moi qui vous recevrai ; je serai pour vous comme un père, et vous serez pour moi comme mes propres enfants*. » Enfin, c'est encore le même Apôtre qui écrivait aux fidèles de Philippes, pour les assurer de son amour « dans les entrailles de Jésus-Christ : *In visceribus Fesu Christi.* » (Philipp. I, 8.) On peut conclure, ce semble, de cette dernière synonymie, que le cœur est considéré, dans l'Écriture, comme un des viscères de l'organisme humain. La science moderne ne s'exprime pas autrement.

Ce n'est donc pas la Bible qui présente le cœur comme le *sensorium commune* de l'organisme humain. Non, car jamais il n'y est considéré comme l'organe principe et producteur de la pensée ni de la volonté. Le cœur est un terme de convention qui a sa raison dans certaines propriétés réelles de l'organe cardiaque ; et l'on est convenu de s'en servir, en lui rapportant généralement toutes les facultés de l'âme. Cet enseignement est celui que nous avons reçu de notre savant exégète M. Le Hir. Pour lui, « le cœur, dans la Bible, signifie tout l'homme intérieur, sans distinction des diverses puissances de l'âme ». Et M. Vigouroux l'affirme aussi : « Dans la sainte Écriture, le cœur signifie le plus souvent l'intelligence ; très rarement le sentiment, et seulement par concomitance avec la pensée. »

C'est dans cet ordre d'idées que M. Olier a écrit de si belles pages sur l'*Intérieur* de Notre-Seigneur et de la Très-Sainte Vierge, et que le

---

* Ô Corinthi, cor nostrum dilatatum est. Non angustiamini in nobis ; angustiamini autem in visceribus vestris. Eamdem remunerationem, tanquam filiis dico : dilatamini et vos. Et ego recipiam vos, et ero vobis in patrem, et vos eritis mihi in filios et filias. (II Cor., VI, 11-18.)

Saint-Siège a autorisé, pour la Compagnie de Saint-Sulpice, l'Office de l'Intérieur. Cet *intérieur*, c'est l'âme ; c'est le *Cœur* de Jésus et le *Cœur* de Marie.

Dans son intraductible langage, l'Apôtre des Nations demande pour les Éphésiens « que Dieu les fortifie par la vertu de son Esprit dans l'homme intérieur ; que Jésus-Christ habite dans leur cœur par la foi, et qu'ils puissent arriver ainsi à la charité suréminente de la science dans le Christ Jésus* ».

Contre les conclusions qui précèdent, et pour prouver que le cœur est le siège de l'amour, on oppose tout particulièrement ce texte : « Vous aimerez le Seigneur votre Dieu de tout votre cœur » ; mais quand Jésus-Christ ajoute : « de toute votre âme, de tout votre esprit et de toutes vos forces », n'est-il pas naturel de comprendre, par cette surabondance d'expressions, que Dieu veut être aimé de toutes les facultés de notre être ? Une grande autorité s'est prononcée sur la manière dont on doit interpréter ici le texte sacré ; écoutons saint Augustin :

« Lorsque Notre-Seigneur nous dit que nous devons aimer Dieu de tout notre cœur, ses paroles ne doivent pas s'entendre de ce petit organe musculaire qui se cache sous nos côtes, mais bien de la force à laquelle nous devons rapporter nos pensées. »

« *Cum audimus, ut ex toto corde diligamus Deum, non hoc dici de illa particula carnis nostræ, quæ sub costis latet,* SED DE ILLA VI, QUA COGITATIONES NOSTRÆ FIUNT†. »

Trop peu connu, ce texte magistral veut être médité.

---

* Flecto genua ad Patrem Domini nostri Jesu Christi..., ut det vobis virtute corroborari per Spiritum ejus in interiorem hominem ; Christum habitare per fidem in cordibus vestris, ut possitis scire... supereminentem scientiæ charitatem Christi. (Ephes., III, 14-19.)

† S. AUGUSTIN, lib. IV, *De Anima et ejus origine*, cap. VI, num. 7. Édit. Veneta.

Dans un ouvrage allemand intitulé : *la Bible et la Science*, un savant professeur d'exégèse à l'Académie de Münster, M. le Dr Bernhard Schäfer, a formulé le principe qui l'a guidé dans son travail, et qui devrait, selon lui, présider à l'étude exégétique du texte sacré ; voici cette formule : « La Sainte Écriture n'empiète pas sur la science ; elle ne poursuit jamais que des fins religieuses ; et, quand elle propose les vérités du salut, elle use d'un mode d'exposition populaire et du langage des apparences. » (*Bibel und Wissenschaft*, Vorwort, IV.)

NEUVAINE AU SACRÉ-CŒUR.

Avec la Neuvaine au Sacré-Cœur de Jésus, saint Alphonse de Liguori a écrit plusieurs autres neuvaines de prières. Pourquoi donc des prières répétées pendant neuf jours, ni plus ni moins ?

Dans l'Église chrétienne, le nombre trois est devenu sacré, parce qu'il est relatif aux trois personnes de la sainte Trinité. Comme ce mystère fut attaqué par plusieurs sectes d'hérétiques, l'Église affecta d'en multiplier l'expression dans son culte extérieur : de là la triple immersion : dans le baptême, le *Trisagion* ou trois fois saint chanté dans la liturgie, les signes de croix répétés trois fois par le prêtre pendant la messe, etc.

Par la même raison, le nombre neuf, ou trois fois trois, est devenu significatif ; ainsi l'on dit neuf fois le *Kyrie, eleison* ; trois fois en l'honneur de chaque personne divine, pour marquer leur égalité parfaite. « Or, nous pensons, dit Bergier, qu'une neuvaine a le même sens et qu'elle fait la même allusion : elle n'est donc pas seulement innocente, mais encore très utile. »

Léon XII, Grégoire XVI et Pie IX ont dit de saint Alphonse de Liguori, qu'il a été « un Docteur suscité de Dieu dans ces derniers temps pour faire refleurir la piété dans les âmes ». Ce jugement s'applique, en particulier, à sa *Neuvaine au Cœur de Jésus*. « C'est une œuvre et un fruit de sa tendre piété envers le Cœur de Jésus, écrit un de ses enfants, le Père Saint-Omer : aussi se distingue-t-elle par une noblesse de pensée, une suavité d'expression, une vivacité de sentiment qui ne peuvent manquer de charmer et de sanctifier les âmes pieuses. »

On a vu de quelle manière saint Alphonse de Liguori qualifiait le sentiment de ceux qui considèrent le cœur comme le siège de l'amour : il est très douteux, dit-il, *molto dubbio* ; et il estimait qu'on avait eu tort de demander à la Congrégation des Rites une Messe et un Office propres, en appuyant la requête sur le sentiment incertain des anciens. Cette appréciation ne l'empêchait pas de reconnaître d'ailleurs au cœur une grande supériorité organique. Il constatait, en outre, que l'opinion s'accorde avec le langage des Livres saints, pour lui attribuer communément l'amour et les autres affections de l'âme : c'en était assez pour inspirer à sa piété la Neuvaine en l'honneur du Sacré-Cœur de Jésus.

La traduction de cet Opuscule n'a pas été un travail pour celui qui l'a faite. Dans leur langue italienne, ces neuf Méditations sont comme autant de rayons de miel que l'on savoure avec délices. Puissent-elles présenter au lecteur français la même douceur et la même piété !

NEUVAINE AU SACRÉ-COEUR DE JÉSUS

PAR SAINT ALPHONSE DE LIGUORI

NOTICE DE SAINT ALPHONSE DE LIGUORI SUR LA DÉVOTION AU COEUR ADORABLE DE JÉSUS

La dévotion par excellence, c'est l'amour envers Jésus-Christ, c'est la pensée souvent renouvelée de l'amour que nous a porté et que nous porte encore ce divin Rédempteur.

Un pieux auteur se plaint, avec raison, de voir un si grand nombre de personnes, fidèles d'ailleurs à diverses dévotions, négliger cependant la pratique de l'amour envers Jésus. Il se plaint que beaucoup de prédicateurs et de confesseurs disent tant de choses, et qu'ils parlent si peu de cet amour. En réalité, cependant, l'amour envers Jésus devrait être la principale, et même l'unique dévotion d'un chrétien.

Oui, l'unique préoccupation des prédicateurs et des confesseurs à l'égard de leurs auditeurs et de leurs pénitents, devrait être de leur insinuer l'amour pour Jésus-Christ, et de les enflammer de ses feux. C'est la négligence sous ce rapport qui explique si peu de progrès dans la vertu, l'habitude croupissante dans les mêmes défauts, et, souvent encore, les rechutes dans le péché mortel. On ne fait pas assez attention ; on n'est pas assez averti de la nécessité de cet amour envers Notre-Seigneur. Et pourtant, cet amour, c'est comme une chaîne d'or qui joint étroitement les âmes avec Dieu.

Cette fin, d'ailleurs, n'est-elle pas la seule qui explique l'avènement du Verbe éternel dans le monde ? « Je suis venu apporter le feu sur la terre, dit-il lui-même ; et quelle est ma volonté, si ce n'est qu'il s'enflamme ? *Ignem veni mittere in terram, et quid volo, nisi ut accendatur ?* » (Luc. XII, 49.)

Et quand le Père éternel a envoyé son Fils dans le monde, son but était aussi de manifester son amour et de gagner le nôtre. Il déclare qu'il nous aime dans la proportion de l'amour que nous portons à Jésus-Christ : « Oui, dit le Sauveur, le Père lui-même vous aime parce que vous m'aimez : *Ipse enim Pater amat vos, quia vos me amastis.* » (Joan. XVI, 27.)

En outre, Dieu ne nous accorde ses grâces qu'autant que nous les lui demandons au nom de son Fils : « Si vous demandez quelque chose à mon Père en mon nom, il vous l'accordera : *Si quid petieritis Patrem in nomine meo, dabit vobis.* » (Joan. XVI, 23.)

Enfin, Dieu ne nous admettra à l'éternelle béatitude qu'autant qu'il nous aura trouvés conformes à l'image de son Fils : *Quos præscivit et prædestinavit conformes fieri imaginis Filii sui.* (Rom. VIII, 29.) Or, cette conformité, nous ne l'acquérons jamais, si nous ne nous appliquons pas à considérer l'amour que Jésus-Christ nous a porté.

Nous lisons dans la Vie de la Bienheureuse Marguerite-Marie Alacoque, Religieuse de la Visitation de Sainte-Marie, que ce fut encore à cette fin que notre Sauveur lui révéla qu'il voulait, en ces derniers temps, l'établissement et la propagation, dans l'Église, de la dévotion et de la fête de son Cœur sacré. Par là, il voulait que les âmes pieuses s'appliquassent à réparer par leurs hommages et leur amour les injures que ce Cœur divin reçoit trop souvent des ingrats, surtout lorsqu'il est exposé au Sacrement de l'autel.

Voici ce que raconte Mgr Languet, évêque de Soissons, dans la Vie de la Bienheureuse. Un jour qu'elle priait devant le Saint Sacrement, Jésus-Christ lui fit voir son Cœur couronné d'épines, surmonté d'une croix, sur un trône de flammes, et il lui dit : « Voici ce Cœur qui a tant aimé les hommes, qu'il n'a rien épargné, jusqu'à s'épuiser et se consumer, pour leur témoigner son amour ; et, pour reconnaissance, je ne reçois de la plupart d'entre eux que des ingratitudes, par les mépris, les irrévérences, les sacrilèges et la froideur qu'ils ont pour moi, dans ce Sacrement d'amour. Mais ce qui m'est encore plus sensible, c'est que ce sont des cœurs qui me sont consacrés qui en usent ainsi ! »

En conséquence, il lui ordonna de s'employer pour que, le premier vendredi après l'octave du Saint-Sacrement, on célébrât une fête particulière, afin d'honorer son divin Cœur. C'était à trois fins principales que cette institution devait être réalisée : 1° Les fidèles devaient par là témoigner leur reconnaissance pour le don inappréciable qui leur est accordé dans l'adorable sacrement de l'Eucharistie. 2° Il voulait ensuite que, par leurs hommages et leur amour, les âmes ferventes réparassent les irrévérences et les mépris qu'il a reçus et qu'il reçoit encore des pécheurs dans ce divin Sacrement. 3° Enfin, il voulait recevoir par là une compensation aux honneurs dont il est privé dans tant d'églises où il reçoit à peine quelques hommages et si peu de respect.

À cette condition, Jésus promettait de répandre abondamment les richesses de son Cœur sur ceux qui lui rendraient cet honneur au jour de la fête, ainsi qu'aux autres jours où ils le visiteraient au très-saint Sacrement. Ainsi, la dévotion au Sacré-Cœur de Jésus n'est en réalité qu'une pratique d'amour envers notre aimable Sauveur. L'objet de cette dévotion est double : on distingue l'objet spirituel et l'objet matériel.

L'objet spirituel est l'amour dont le Cœur de Jésus brûle pour les hommes. C'est en effet au cœur que l'on attribue communément l'amour. Nous le voyons fréquemment dans la sainte Écriture. « Mon fils, donne-moi ton cœur : *Præbe, fili mi, cor tuum mihi.* » (Prov. XXII, 26.) « Mon cœur et ma chair ont tressailli dans le Dieu vivant : *Cor meum et caro mea exultaverunt in Deum vivum.* » (Psal. LXIII, 5.) « Le Dieu de mon cœur, mon partage dans l'éternité : *Deus cordis mei, et pars mea Deus in æternum.* » (Psal. LXII, 11.) « La charité de Dieu est répandue dans nos cœurs par l'Esprit-Saint qui nous a été donné : *Charitas Dei diffusa est in cordibus nostris per Spiritum sanctum qui datus est nobis.* » (Rom. V, 5.)

Quant à l'objet matériel ou sensible de cette dévotion, c'est le Sacré-Cœur de Jésus lui-même ; non pas pris isolément, mais en tant qu'il est uni à la sainte humanité et par conséquent à la divine personne du Verbe.

Cette dévotion se propagea si rapidement et avec une telle sympathie, que bientôt on la vit introduite dans un grand nombre de communautés religieuses. Avec l'autorisation des évêques, près de quatre cents confréries consacrées au Sacré-Cœur s'étaient établies bientôt en France, en Savoie, en Flandre, en Allemagne, en Italie, et même dans plusieurs pays infidèles. Le Saint-Siège enrichit ces confréries de nombreuses indulgences, et il autorisa l'érection de chapelles et d'églises sous le titre du Sacré-Cœur, ainsi que nous le voyons dans le Bref de Clément X, en l'année 1774.

En terminant son opuscule sur l'amour de Jésus-Christ proposé aux fidèles sous le symbole du Sacré-Cœur, Tonolini écrivait ces lignes, qui sont ici parfaitement à leur place :

« Adressez vos prières à l'amour de Jésus ; dirigez vers lui vos aspirations et vos désirs ; offrez-lui enfin, avec les pratiques de votre piété, celle de la vérité et de la vertu. En agissant ainsi, vous serez du nombre des vrais adorateurs ; et l'on pourra dire alors, à l'honneur de votre dévotion envers le Sacré-Cœur de Jésus : L'heure est venue où les vrais adorateurs adoreront le Père en esprit et en vérité ; car ce sont là vraiment ceux qui l'adorent, et le Père les cherche : *Venit hora, et nunc est, quando veri adoratores adorabunt Patrem in spiritu et veritate. Nam et Pater tales quærit qui adorant eum**. » (Joan. IV, 23.)

---

* Domenico TONOLINI, *Opere citato*.

PREMIÈRE MÉDITATION

LE CŒUR AIMABLE DE JÉSUS

Un moyen infaillible pour se faire aimer, c'est de se montrer aimable en toutes choses. Maintenant, d'après cette règle, si nous nous appliquons à connaître tout ce qui mérite l'amour en Jésus-Christ, nous serons tous dans l'heureuse nécessité de l'aimer. Quel est, en effet, le cœur qui soit plus aimable que celui de Jésus ?

Cœur tout pur, cœur tout saint, cœur tout rempli d'amour pour Dieu et pour nous, puisque tous ses désirs se rapportent à la gloire de Dieu et au bien de nos âmes. Ce Cœur, c'est celui dans lequel Dieu trouve toutes ses délices, toutes ses complaisances. Ce Cœur, c'est un trône sur lequel règnent toutes les perfections, toutes les vertus : l'amour le plus ardent pour Dieu son Père, joint à l'humilité, au respect le plus profond qu'on puisse imaginer ; une extrême confusion pour les péchés dont : nous sommes coupables, et dont il s'est chargé, jointe à l'extrême confiance du plus tendre des fils ; une extrême horreur pour nos fautes, jointe à la plus vive compassion pour nos misères ; une extrême douleur, jointe à une parfaite conformité à la divine volonté.

Tout ce qu'on peut concevoir d'aimable se trouve en Jésus-Christ. Voyez : les uns sont aimés à cause de leur beauté, d'autres pour leur innocence, d'autres pour le charme de leurs entretiens, et d'autres pour leur piété. Mais supposons un homme dans lequel se trouveraient ces qualités et toutes les autres vertus ; comment pourrait-on se défendre de l'aimer ? Imaginons, bien loin de nous, un prince étranger, qui serait agréable, modeste, doux, pieux, charitable, affable envers tout le monde, et qui rendrait le bien pour le mal ; sans l'avoir vu, sans être connu de lui, sans avoir aucun rapport avec lui, nous nous sentirions entraînés à l'aimer. Et Jésus-Christ, et lui qui possède toutes ces qualités, toutes ces vertus, au suprême degré de la perfection, et lui qui nous aime avec une si grande tendresse, comment est-il possible qu'il soit si peu aimé des hommes ? et comment n'est-il pas l'objet de tout notre amour ?

Eh quoi ! Jésus-Christ est seul vraiment aimable, il nous a prodigué tous les témoignages de son amour ; et voilà, disons-le, voilà que seul il a le malheur, avec nous, de ne pouvoir arriver à se faire aimer ; comme s'il n'était pas encore assez digne de notre amour ! C'est là ce qui arrachait des larmes à sainte Rose de Lima, à sainte Catherine de Gênes, à sainte Thérèse et à sainte Madeleine de Pazzi ; c'est cette ingratitude des hommes qui les faisait s'écrier en pleurant : « Non, vraiment, l'amour n'est pas aimé, l'amour n'est pas aimé ! »

AFFECTIONS ET PRIÈRES

Aimable Rédempteur, en dehors de vous, quel objet plus digne d'amour votre Père éternel pouvait-il me proposer ? Vous êtes la beauté du Paradis, l'amour de votre Père ; et c'est dans votre Cœur que se trouve le siège de toutes les vertus. Ô Cœur aimable de mon Jésus, vous méritez bien l'amour de tous les cœurs ! Ah ! qu'il est pauvre et malheureux, le cœur qui ne vous aime pas ! Eh bien, ce cœur malheureux, c'était le mien, pendant tout le temps qu'il ne vous a pas aimé. Maintenant, du moins, je ne veux pas continuer à demeurer dans ce malheur : je vous aime, ô Jésus, et je veux vous aimer toujours.

Seigneur, dans le passé, je vous ai oublié ; mais maintenant qu'attendrai-je ? Faut-il attendre, à force d'ingratitude, que je vous force à m'oublier vous-même et à m'abandonner ? Oh ! non, mon aimable Sauveur, ne le permettez pas. Vous êtes l'amour d'un Dieu, et vous ne deviendriez pas l'amour d'un misérable pécheur tel que moi, comblé de vos bienfaits, honoré de votre amour !

Belles flammes, qui brûlez dans le Cœur embrasé d'amour de mon Jésus, allumez dans mon pauvre cœur ce feu saint et bienheureux, que Jésus est venu apporter du ciel sur la terre. Consumez et détruisez vous-même toutes les affections impures qui vivent dans mon cœur et qui l'empêchent d'être tout à vous.

Faites, mon Dieu, que mon cœur ne vive plus que pour vous aimer, vous seul, mon bien-aimé Sauveur. Je vous ai oublié pendant un temps ; mais maintenant, vous le savez, je veux que vous soyez mon unique amour. Je vous aime, je vous aime, je vous aime ! et je ne veux plus en aimer d'autre que vous. Très-aimable Sauveur, je vous en conjure, ne refusez pas l'amour d'un cœur qui a eu le malheur de vous contrister. Mettez votre gloire à montrer maintenant aux Anges l'amour brûlant d'un cœur qui vivait loin de vous et qui vous avait méprisé.

Très-Sainte Vierge Marie, mon espérance, venez à mon secours ; demandez à Jésus de me rendre, par sa grâce, tel qu'il veut que je sois.

DEUXIÈME MÉDITATION

LE CŒUR AIMANT DE JÉSUS

Oh ! si nous pouvions bien comprendre l'amour qui brûle pour nous au Cœur de Jésus ! Il nous a tant aimés, que si l'on réunissait tout ce qu'il peut y avoir d'amour dans le cœur de tous les hommes, de tous les Anges et de tous les Saints aimant de toutes leurs forces, on n'arriverait pas encore à la millième partie de l'amour de Jésus pour nous. Il nous aime immensément plus que nous ne nous aimons nous-mêmes. Il nous a aimés jusqu'à l'excès : *Dicebant excessum ejus, quem completurus erat in Jerusalem.* (Luc. IX, 31.) Un Dieu qui meurt pour ses créatures ! Peut-on imaginer un plus grand excès ? *Cum dilexisset suos, in finem dilexit eos.* (Joan. XIII, I.)

D'abord Dieu nous a aimés de toute éternité. Dans toute l'éternité qui nous a précédés, il n'y a pas eu un moment où il n'ait pensé à nous, où il n'ait aimé chacun de nous : *In charitate perpetua dilexi te.* (Jer. XXXI, 3.) Mais, ensuite, il s'est fait homme, il a choisi une vie de souffrance, et il est mort sur la croix par amour pour nous. En conséquence, il nous a aimés plus que son honneur, plus que son repos, plus que sa vie ; il a tout sacrifié pour nous témoigner l'amour qu'il nous porte. Un tel excès de charité ne doit-il pas faire l'étonnement des Anges et de tout le Paradis, pendant toute l'éternité ?

C'est encore cet amour qui a porté Jésus-Christ à demeurer au milieu de nous dans le très-saint Sacrement, comme sur un trône d'amour. Car, enfin, là, c'est sous les apparences d'un peu de pain, et renfermé dans un ciboire, qu'il demeure parmi nous ; de sorte qu'en réalité il demeure avec nous dans un complet anéantissement de sa majesté, sans mouvement, sans l'usage de ses sens, ne faisant là rien autre chose que d'aimer les hommes. Quand on aime, on voudrait voir toujours la personne aimée ; et c'est ce désir qui retient Jésus-Christ au milieu de nous dans le très-saint Sacrement. C'était trop peu pour ce Cœur aimant du Sauveur d'être demeuré pendant trente-trois ans au milieu des hommes sur la terre ; pour affirmer le désir qui le portait à rester toujours parmi nous, il jugea nécessaire d'opérer le plus grand de tous les prodiges, et il institua la sainte Eucharistie. Et, cependant, l'œuvre de la Rédemption était accomplie, les hommes étaient réconciliés avec Dieu : quelle nécessité y avait-il donc pour Notre-Seigneur de demeurer au Sacrement de l'autel ? Ah ! ce qui le retenait, c'est qu'il voulait ne se séparer jamais de nous ; et c'est lui-même qui déclare que « ses délices sont d'habiter au milieu des enfants des hommes ». (Prov. VIII, 31.)

C'est encore cet amour qui l'a porté au point de se faire la nourriture de nos âmes ; c'était afin de s'unir à nous, et de ne plus faire de son cœur et du nôtre qu'un seul et même cœur. *Qui manducat meam carnem, in me manet, et ego in illo.* (Joan. VI, 57.) Ô prodige ! ô excès de l'amour divin ! Un serviteur de Dieu disait : Si quelque chose pouvait ébranler ma foi au mystère de l'Eucharistie, ce ne serait pas le doute qui me troublerait, en me demandant comment le pain devient chair, comment Jésus peut être en plusieurs endroits à la fois, et comment il peut se renfermer dans un si petit espace ; car alors je me dirais que Dieu peut tout. Mais si l'on me demande comment Dieu peut aimer l'homme au point de se faire sa nourriture, alors je ne puis plus répondre qu'une seule chose : c'est que c'est là une vérité de foi qui surpasse mon intelligence, et que l'amour de Jésus est au-dessus de toute intelligence. Ô amour de Jésus, faites-vous donc connaître des hommes, et faites-vous aimer.

AFFECTIONS ET PRIÈRES

Ô Cœur adorable de mon Jésus, Cœur tout brûlant d'amour pour les hommes ; Cœur créé pour les aimer ; ah ! comment donc se fait-il qu'ils correspondent si peu à cet amour, et qu'ils le méprisent comme ils font ? Misérable que je suis, et moi aussi j'ai été un de ces ingrats, qui n'ai pas su vous aimer ! Pardonnez-moi, ô Jésus, cette grande faute de ne pas vous avoir aimé, vous si aimable, vous qui m'avez tant aimé que vous ne pouvez rien faire de plus pour m'obliger à vous rendre amour pour amour.

Je le reconnais, en punition de ne vous avoir pas aimé toujours, je mériterais d'être condamné à ne pouvoir plus vous aimer jamais. Mais non, mon bien-aimé Sauveur, plutôt tout autre châtiment que celui-là. Faites-moi la grâce de vous aimer, et infligez-moi ensuite tel châtiment qu'il vous plaira.

Mais comment pourrais-je avoir à redouter pareil châtiment ? Est-ce que je ne vous entends pas toujours m'intimer le doux, le cher précepte de vous aimer, vous mon Seigneur et mon Dieu ? *Diliges Dominum Deum tuum ex toto corde tuo.* (Matth. XXII, 37.) Oui, mon Dieu, vous voulez que je vous aime, et je veux vous aimer. Mais ce n'est pas assez, je veux ne plus aimer que vous, qui m'avez tant aimé.

Ô amour de mon Jésus, vous êtes mon amour. Ô Cœur enflammé de Jésus, enflammez le mien de plus en plus. Ne permettez pas qu'à l'avenir il y ait un seul moment de ma vie où je sois privé de votre amour : plutôt la mort et mon anéantissement ! Comment pourrait-il se faire qu'après avoir été tant aimé de vous, qu'après tant de grâces et tant de lumières que je dois à vos bontés, je puisse de nouveau mépriser votre amour ? Ah ! que le monde ne soit jamais témoin d'une si horrible ingratitude ! Non, non, ô mon Jésus, ne le permettez pas. Le sang que vous avez répandu pour moi me fait espérer que je vous aimerai toujours, et que vous ne cesserez jamais de m'aimer. Je l'espère, oui ; et cet amour entre vous et moi sera éternellement indissoluble.

Ô Mère du bel amour, Marie, vous qui avez un si grand désir de voir Jésus aimé, attachez-moi étroitement à votre divin Fils ; et faites que ce lien soit tel que je n'aie plus jamais le malheur de le voir brisé.

TROISIÈME MÉDITATION

LE CŒUR DE JÉSUS HALETANT D'AMOUR

Jésus n'a pas besoin de nous. Avec notre amour, comme sans notre amour, il est également heureux, également riche et puissant. Et cependant, dit saint Thomas, à cause de son amour, Jésus-Christ désire le nôtre, comme si l'homme était son Dieu, et comme si son bonheur dépendait de celui de l'homme. C'est là ce qui faisait dire à Job dans son étonnement : « Qu'est-ce donc que l'homme, pour que vous le fassiez si grand, et pour que vous abaissiez votre cœur jusqu'à lui ? *Quid est homo, quia magnificas eum ? aut quid apponis erga eum cor tuum ?* » (Job, VII, 17.)

Comment ! c'est un Dieu qui désire et qui demande avec tant d'instances l'amour d'un ver de terre ! Ce serait déjà une grande faveur que Dieu nous eût permis de l'aimer. Si un sujet osait dire à son Roi : Seigneur, je vous aime ! on s'étonnerait de lui voir prendre une pareille liberté. Mais que penserait-on, si c'était un Roi qui dît à son sujet : Je veux que tu m'aimes ? Les princes de la terre ne s'abaissent pas jusque-là. Et, cependant, c'est Jésus, c'est le Roi du ciel, c'est lui qui nous demande notre amour avec tant d'instances, et qui nous dit : « Tu aimeras le Seigneur ton Dieu de tout ton cœur : *Diliges Dominum Deum tuum ex toto corde tuo.* » (Matth. XXII, 37.) C'est lui qui demande notre cœur avec tant d'empressement : *Præbe, fili mi, cor tuum mihi.* (Prov.

XXIII, 26.) Et c'est au point que s'il se voit repoussé par une âme, il ne s'en va pas, non, mais il reste dehors, à la porte du cœur ; il appelle, et il frappe pour entrer : *Sto ad ostium et pulso.* (Apoc. III, 20.) Il la prie même de lui ouvrir, en l'appelant sa sœur et son épouse : *Aperi mihi, soror mea sponsa.* (Cant. v, 11.) Enfin, il trouve ses délices à se voir aimé de nous, et c'est pour lui une grande consolation que d'entendre une âme lui dire et lui répéter souvent : Mon Dieu, je vous aime.

Un pareil désir est l'effet de l'amour infini que Dieu a pour nous. Quiconque aime, désire nécessairement être aimé. Le cœur demande le cœur. L'amour cherche l'amour. Dieu, dit saint Bernard, n'aime que pour être aimé : *Non ad aliud amat Deus, nisi ut ametur.* (In Cant. VIII, 83.) Et c'est lui-même qui l'a dit : « Ce que le Seigneur ton Dieu te demande à toi, c'est que tu le craignes, et c'est surtout que tu l'aimes : *Quid Dominus Deus tuus petit a te, nisi ut timeas, et diligas eum ?* » (Deut. xI, 12.)

En conséquence, Notre-Seigneur nous apprend qu'il est lui-même le pasteur qui, après avoir retrouvé la brebis égarée, appelle tous ses amis, pour qu'ils viennent se réjouir avec lui : « Oui, réjouissez-vous avec moi, car j'ai retrouvé une brebis qui était perdue : *Congratulamini mihi, quia inveni ovem meam quam perdideram.* » (Luc. xv, 6.) C'est encore lui qui nous apprend qu'il est ce père qui, voyant son enfant prodigue mais repentant à ses pieds, ne se contente pas de lui pardonner, mais qui l'embrasse avec tendresse. Après cela, il a bien le droit de le dire : « Celui qui ne l'aime pas sera condamné : *Qui non diligit, manet in morte.* » (Joan. IV, 12.) Comment ! tant de demandes, tant d'instances, tant de menaces et tant de promesses ne seraient pas capables de nous émouvoir ; et nous n'aimerions pas un Dieu qui désire si ardemment être aimé de nous ?

AFFECTIONS ET PRIÈRES

Cher Rédempteur, vous dirai-je avec saint Augustin, vous me commandez de vous aimer ; et, si je ne vous aime pas, vous me menacez de l'enfer ; mais quel enfer plus horrible, quel malheur plus grand pourrait-il m'arriver jamais que d'être privé de votre amour ? Si donc vous voulez m'épouvanter, menacez-moi seulement de me condamner à vivre sans vous aimer ; et cette menace m'effrayera plus que mille enfers. Ah ! mon Dieu, si les damnés, au milieu des enfers, pouvaient seulement brûler de votre amour, l'enfer deviendrait pour eux un paradis. Et si, au contraire, les bienheureux, dans le ciel, ne pouvaient vous aimer, le paradis, pour eux, deviendrait un enfer. C'est saint Augustin qui s'exprime en ces termes.

Je le reconnais, mon Seigneur bien-aimé, en punition de tous mes péchés, je mériterais déjà d'être abandonné de votre grâce, et condamné à ne pouvoir plus vous aimer jamais. Mais, je vous entends, vous continuez à me commander de vous aimer, et j'éprouve un grand désir qu'il en soit ainsi pour moi. Ce désir, c'est à votre grâce que je le dois ; c'est vous qui me l'avez donné : donnez-moi donc encore la force de le réaliser ; faites que, désormais et de tout mon cœur, je puisse vous dire et vous répéter toujours en toute vérité : Mon Dieu, je vous aime, je vous aime ; je vous aime, ô mon Dieu ! Oubliez, Seigneur Jésus, les déplaisirs que je vous ai causés dans le passé ; aimons-nous toujours ; je vous serai fidèle, et vous ne m'abandonnerez pas. Vous m'aimerez toujours et je ne cesserai jamais de vous aimer. Sauveur bien-aimé, c'est sur vos mérites que je fonde mon espérance. Ah ! faites-vous aimer toujours, faites-vous aimer beaucoup, par un pécheur qui vous a tant offensé !

Marie, ô Vierge immaculée, venez à mon aide, et priez Jésus pour moi.

QUATRIÈME MÉDITATION

LE CŒUR DE JÉSUS ACCABLÉ DE DOULEUR

Il n'est pas possible de penser à tout ce que le Cœur de Jésus a souffert pour notre amour sur la terre, sans se sentir ému de compassion. Il nous fait entendre lui-même que son cœur a été accablé d'une si grande tristesse, qu'elle aurait suffi à lui ôter la vie, à le faire mourir de douleur, s'il n'avait échappé à la mort miraculeusement par la vertu de sa divinité. « Mon âme, a-t-il dit, mon âme est triste jusqu'à la mort : *Tristis est anima mea usque ad mortem.* » (Marc. XIV, 34.)

La plus grande douleur qui affligea le Cœur de Jésus ne fut pas la vue des tourments et des opprobres que les hommes lui avaient préparés, mais bien plutôt l'ingratitude avec laquelle ils devaient répondre à l'amour infini qu'il leur portait. Il vit distinctement tous les péchés que nous devions commettre, après toutes les souffrances, après la mort cruelle et ignominieuse qu'il aurait endurées pour nous. Il distingua tout particulièrement les horribles injures dont les hommes devaient accabler son Cœur adorable, lorsqu'il le leur laissait en témoignage de son amour dans le très-saint Sacrement. Ô Dieu ! quels sont les outrages dont les hommes ne se soient pas rendus coupables dans ce Sacrement de votre amour ? On l'a foulé aux pieds, on l'a jeté dans des cloaques ; on a été jusqu'à s'en servir pour rendre hommage au démon !

Et cependant, la vue de toutes ces indignités n'a pu empêcher Jésus de nous laisser ce gage incomparable de son amour. Il a pour le péché une horreur extrême ; mais il semble que son amour pour nous l'ait encore emporté sur la haine qu'il en conçoit ; car enfin, il a mieux aimé s'exposer à tant de sacrilèges que de priver de cet aliment les âmes qui l'aiment.

Maintenant, un tel excès d'amour ne suffira-t-il pas pour nous faire aimer un Cœur qui nous a tant aimés ? Voyons, est-ce que le Cœur de Jésus n'a pas encore assez fait pour mériter notre amour ? Ingrats que nous serions ! comment, nous pourrions encore laisser sur l'autel Jésus dans l'abandon, à l'exemple de tant d'hommes qui l'oublient ! et nous ne nous empresserions pas plutôt, avec le petit nombre d'âmes pieuses, de nous consumer d'amour, comme ces flambeaux qui se consument autour du saint Ciboire ! Le Cœur de Jésus est là, il brûle d'amour pour nous ; et nous, nous ne brûlerions pas en présence de Jésus !

AFFECTIONS ET PRIÈRES

Ô mon adorable et bien-aimé Jésus, vous voyez à vos pieds un pécheur qui a souvent affligé votre Cœur. Mon Dieu, comment donc ai-je pu tant contrister ce Cœur qui m'a tant aimé, et qui n'a rien épargné pour obtenir mon amour ! Permettez-moi de vous le dire, mon Sauveur : consolez-vous maintenant ; consolez-vous en voyant mon cœur blessé, par votre grâce, de votre amour divin, en le voyant si pénétré du regret de vous avoir contristé qu'il voudrait en mourir de douleur. Ô mon Jésus, que ne puis-je éprouver pour mes péchés la douleur que vous en avez ressentie vous-même pendant votre vie mortelle !

Père éternel, je vous offre la douleur et l'aversion de votre Fils pour mes péchés. À cet effet, je vous prie de me donner, pour les offenses dont je me suis rendu coupable envers vous, une si grande douleur que je vive désormais toujours dans l'affliction et le regret, en pensant au temps où j'ai méprisé votre amour.

Et vous, ô mon Jésus, faites-moi concevoir désormais pour le péché une telle horreur, que les plus légers me soient en abomination, à la pensée qu'ils vous déplaisent, à vous qui ne méritez aucune offense, et qui méritez, au contraire, un amour infini. Seigneur bien-aimé, je déteste maintenant tout ce qui vous déplait ; et je ne veux plus aimer désormais que ce que vous aimez vous-même. Aidez-moi dans ma résolution, donnez-moi la force d'y demeurer fidèle, et accordez-moi la grâce, ô Jésus, de pouvoir vous invoquer toujours et de vous répéter sans cesse : Donnez-moi votre amour, donnez-moi votre amour ; donnez-moi votre amour, ô mon Jésus !

Et vous, très-sainte Vierge Marie, obtenez-moi la grâce de vous prier toujours, et de vous répéter sans cesse : Ma Mère, faites que j'aime Jésus-Christ.

CINQUIÈME MÉDITATION

LE CŒUR COMPATISSANT DE JÉSUS

Trouverons-nous jamais sur la terre un cœur plus compatissant et plus tendre que le Cœur de Jésus ? En verrons-nous jamais qui ait eu pour nos misères une plus grande compassion ? Cette compassion l'a fait descendre du ciel sur la terre. C'est elle qui lui a fait dire qu'il était venu comme un bon pasteur, afin de donner sa vie pour ses brebis. Pour nous obtenir, à nous pécheurs, le pardon de nos fautes, il n'a pas voulu se pardonner à lui-même ; et il a résolu de se sacrifier sur la Croix, pour satisfaire, par ses souffrances, au châtiment que nous avions mérité.

Maintenant encore, c'est dans le sentiment de cette miséricorde et de cette compassion qu'il nous redit toujours : « Maison d'Israël, pourquoi donc voulez-vous mourir ? Ah ! revenez et vivez : *Quare moriemini, domus Israel ? Revertimini et vivite.* » (Ézech. XVIII, 31.) Misérables créatures, nous dit-il, pauvres enfants que vous êtes, pourquoi donc voulez-vous vous damner en vous éloignant de moi ? Vous ne voyez donc pas que, par cette séparation, vous vous précipitez à la mort éternelle ? Non, je ne veux pas vous voir ainsi courir à votre perte ; ayez confiance, toutes les fois que vous voudrez revenir à moi, revenez, et vous recouvrerez la vie : *Revertimini et vivite.*

C'est encore cette compassion qui lui fait dire qu'il est un père plein d'amour. Oui, alors même qu'il se serait vu méprisé par son fils, au premier signe de son retour et de son repentir, non seulement il ne le repousse pas, mais il l'embrasse avec tendresse, et oublie toutes les injures qu'il en a reçues : *Omnium iniquitatum ejus non recordabor.* (Ézech. XVIII, 22.)

Ce n'est pas là ce que nous voyons parmi les hommes. Alors même qu'ils pardonnent à ceux qui les ont offensés, ils conservent toujours le souvenir de l'injure, ils se sentent naturellement portés à s'en venger ; et, s'ils ne le font pas, parce qu'ils ont la crainte de Dieu, ils éprouvent toujours une grande répugnance à converser et à traiter avec ceux qui les ont offensés.

Pour vous, ô mon Jésus, vous pardonnez vraiment aux pécheurs repentants ; dès maintenant, dans cette vie, vous ne refusez pas de leur accorder tous les biens dans la sainte Communion ; et, plus tard, en l'autre vie, vous leur accordez tous les biens. éternels dans la gloire du ciel ; et vous n'éprouvez aucune répugnance à vous tenir étroitement, éternellement uni à l'âme qui vous avait offensé. Encore une fois, ô bien-aimé Sauveur, où pourra-t-on jamais trouver un cœur plus aimable et plus compatissant que le vôtre ?

AFFECTIONS ET PRIÈRES

Cœur compatissant de mon Jésus, ayez pitié de moi : *Jesu dulcissime, miserere mei.* Je vous le dis maintenant, mais accordez-moi la grâce de vous le redire toujours : *Jesu dulcissime, miserere mei.*

Avant de vous avoir offensé, ô divin Rédempteur, certainement je ne méritais aucune des grâces que vous avez daigné m'accorder. Quand vous m'avez créé, quand vous m'avez éclairé de vos saintes lumières, c'était sans aucun mérite de ma part ; mais, après vous avoir offensé, non seulement je n'étais plus digne de vos divines faveurs, je méritais votre abandon, je méritais l'enfer. Si vous m'avez attendu, si vous m'avez conservé la vie, lorsque je n'étais plus en grâce avec vous, c'est à votre seule compassion que je le dois. Oui, c'est votre compassion qui m'a rendu la lumière, c'est elle qui m'a invité au pardon, c'est elle qui m'a inspiré la douleur de mes péchés, avec le désir de vous aimer ; et maintenant, voici que j'espère être en grâce avec vous par le bienfait de cette miséricorde. Je vous en supplie, ô mon Jésus, ne cessez pas de me continuer votre divine compassion. Ce que je vous demande maintenant, c'est la lumière et la force dont j'ai besoin pour n'être plus jamais ingrat envers vous.

Ô Jésus, mon amour, je n'ai pas la présomption de vous demander de me pardonner encore si j'avais le malheur de vous offenser de nouveau cette prétention me rendrait indigne de votre miséricorde. Quelle compassion pourrais-je attendre de vous, si j'étais assez ingrat pour mépriser votre amitié et me séparer encore de vous ? Non, mon Jésus, je vous aime, et je veux vous aimer toujours. La miséricorde que j'attends de vous et que je vous demande maintenant, c'est celle-ci : « Seigneur, ne permettez plus que je me sépare jamais de vous : *Ne permittas me separari a te.* »

Et vous aussi, ô Marie ! ô ma Mère, je vous en prie, ne permettez pas non plus que je me sépare jamais de mon Dieu.

SIXIÈME MÉDITATION

LE CŒUR LIBÉRAL DE JÉSUS

Désirer rendre heureux tous ceux que l'on rencontre, et particulièrement les indigents et les affligés, voilà bien la marque à laquelle on reconnaît un bon cœur. Mais où pourra-t-on jamais trouver quelqu'un qui ait un cœur meilleur que celui de Jésus ? Parce qu'il est la bonté infinie, il a un extrême désir de nous rendre participants de tous ses biens : « Toutes les richesses sont à moi, nous dit-il, et je les possède pour enrichir ceux qui m'aiment : *Mecum sunt divitiæ, ut ditem diligentes me.* » (Prov. VIII, 8.)

Si Jésus s'est fait pauvre, dit l'Apôtre, c'est pour nous enrichir par sa pauvreté : *Propter vos egenus factus est, ut illius inopia divites essetis.* (II Cor. VIII, 9.) C'est encore avec cette intention qu'il a voulu rester au milieu de nous dans le très-saint Sacrement. C'est là qu'il demeure les mains pleines de grâces, comme l'a vu le Père Baldassare Alvarez, et toujours disposé à les répandre sur tous ceux qui viennent l'y visiter. Enfin, quand il se donne à nous dans la sainte Communion, il veut nous faire entendre qu'il lui est impossible de nous refuser ses biens, du moment où il en vient à se donner lui-même tout entier *Quomodo non etiam cum illo omnia nobis donavit ?* (Rom. VIII, 32.)

Ainsi, c'est bien dans le Cœur de Jésus que se trouvent pour nous tous les biens et toutes les grâces que nous désirons. « Nous devenons riches en toutes choses par Jésus-Christ, de telle sorte que rien ne nous manque avec sa grâce : I*n omnibus divites facti estis, ita ut nihil vobis desitin ulla gratia.* » (I Cor. 1, 5.)

Comprenons bien que c'est au Cœur de Jésus que nous devons toutes les grâces de la Rédemption, de notre vocation, des lumières de la foi, du pardon de nos fautes, du secours qui nous est donné pour résister aux tentations et de la patience dans l'adversité ; oui, car sans son secours nous ne pourrions rien faire de bien : *Sine me nihil potestis facere* ; c'est lui-même qui le dit : « Vous ne pouvez rien faire sans moi. » (Joan. xv, 5.)

Si, dans le passé, vous n'avez pas reçu plus de grâces, ajoute le Seigneur, ne vous en prenez pas à moi, prenez-vous-en à la négligence que vous avez mise à me les demander : « Vous ne m'avez rien demandé jusqu'à présent ; demandez, et vous recevrez : *Usque modo non petistis quidquam in nomine meo ; petite, et accipietis.* » (Joan. XVI, 24.)

Oh ! que le Cœur de Jésus est riche et libéral pour tous ceux qui ont recours à lui ! *Dives in omnes qui invocant illum.* (Rom. x, 12.) Oh ! que les miséricordes de Dieu sont abondantes pour les âmes attentives à demander secours à Notre Seigneur Jésus-Christ ! C'est David qui le disait : « Seigneur, vous êtes doux et suave ; et vos miséricordes sont infinies sur tous ceux qui vous invoquent : *Quoniam tu, Domine, suavis et mitis ; et multæ misericordiæ omnibus invocantibus te.* » (Psal. XCV, 5.) Soyons donc toujours fidèles à recourir à ce Cœur divin ; demandons-lui avec confiance, et nous en obtiendrons tout ce que nous désirons.

AFFECTIONS ET PRIÈRES

Seigneur Jésus, vous n'avez pas hésité à me sacrifier votre sang et votre vie ; et je pourrais hésiter, moi, à vous donner mon misérable cœur ? Non, mon cher Rédempteur ; je vous l'offre tout entier, je vous donne toute ma ma bonne volonté ; acceptez-la, je vous en prie, et disposez-en selon votre bon plaisir. Je n'ai rien, je ne puis rien par moi-même ; mais ce cœur que je sens, ce cœur que vous m'avez donné, personne ne peut me le ravir. On peut m'enlever mes biens, mon sang, ma vie ; mais mon cœur, jamais ! C'est avec ce cœur que je peux et que je veux vous aimer.

Mon Dieu, je vous en prie, enseignez-moi le parfait oubli de moi-même ; apprenez-moi ce que je dois faire pour arriver à ce pur amour qui est le vôtre, et dont votre bonté m'a inspiré le désir. Je sens en moi une volonté bien résolue à vous plaire ; mais, pour la réaliser, j'ai besoin de votre secours ; c'est de vous que je l'attends, c'est à vous que je le demande.

Cœur aimant de Jésus, c'est à vous de faire que mon pauvre cœur vous appartienne tout entier. Je le reconnais, ce cœur, dans le passé, n'a été qu'un ingrat, et c'est par sa faute qu'il a été privé de votre amour. Faites, je vous prie, qu'il soit maintenant tout enflammé pour vous, comme le vôtre est embrasé pour moi. Faites que ma volonté ne soit plus qu'une avec la vôtre, de sorte que je ne veuille plus que ce que vous voulez vous-même. Oui, désormais, je veux que votre sainte volonté soit la règle de toutes mes actions, de toutes mes pensées et de tous mes désirs. Je l'espère, Seigneur, vous ne me refuserez pas la grâce dont j'ai besoin pour être fidèle à la résolution que je prends aujourd'hui à vos pieds de me conformer en paix à tout ce que vous voudrez faire de moi et de ce qui m'appartient, à la vie et à la mort.

Marie immaculée, ah ! que vous êtes heureuse d'avoir eu toujours votre cœur en pleine conformité avec celui de Jésus ! Obtenez-moi, ma Mère, que je ne veuille plus, et que je ne désire plus, à l'avenir, que ce que veut Jésus, et que ce que vous voulez vous-même.

SEPTIÈME MÉDITATION

LE CŒUR RECONNAISSANT DE JÉSUS

Le Cœur de Jésus est si reconnaissant, qu'il ne peut voir la plus petite action faite pour son amour, la moindre parole dite pour sa gloire, ni même aucune bonne pensée de lui être agréable, sans accorder aussitôt à chacun sa récompense. Ce n'est pas tout, son Cœur est si reconnaissant, qu'il rend toujours cent pour un : Centuplum accipietis. (Matth. XIX, 29.)

Quand les hommes sont reconnaissants, ils répondent par une récompense au bienfait qu'ils ont reçu ; ils le font une fois, pour se décharger, comme ils disent, de l'obligation, qui pèse sur eux ; puis après, trop souvent, c'est fini.

Ce n'est pas ainsi que fait Notre Seigneur Jésus-Christ. Toute bonne action que nous avons faite pour lui être agréable ne reçoit pas seulement sa récompense au centuple pendant cette vie ; mais, dans l'autre vie encore, à chaque moment de l'éternité, elle est récompensée à l'infini. Après cela, qui sera assez insouciant pour ne pas faire tout ce qu'il peut afin de contenter un cœur si reconnaissant ?

Mais, hélas ! ô mon Dieu ! quel soin les hommes prennent-ils de plaire à Jésus-Christ ? Je dirai plus, comment nous-mêmes pouvons-nous être aussi ingrats envers notre divin Sauveur ? Alors même qu'il n'aurait répandu pour notre salut qu'une seule goutte de sang et une seule larme, nous devrions déjà lui être infiniment obligés ; car, enfin, cette goutte de sang, cette larme seraient d'un prix infini devant Dieu, pour nous obtenir toute grâce. Mais Jésus a voulu employer à notre service tous les moments de sa vie ; c'est à nous qu'il a donné tous ses mérites, toutes ses souffrances, toutes ses ignominies, tout son sang, toute sa vie ; de sorte que ce n'est pas une obligation que nous avons de l'aimer, mais des obligations infinies.

Que dirai-je ? Nous sommes reconnaissants même envers les animaux. Qu'un petit chien nous exprime son affection par quelques démonstrations extérieures, il nous semble alors que nous ne pouvons nous défendre de l'aimer en retour ; et c'est après cela que nous pourrions être ingrats envers Dieu ! On dirait que les bienfaits de Dieu changent de nature à l'égard des hommes, et qu'ils deviennent comme autant de mauvais traitements ; car alors, au lieu de la reconnaissance et de l'amour, ce sont des offenses et des injures que nous rendons à Dieu. Éclairez ces ingrats, Seigneur, et faites-leur connaître l'amour que vous leur portez.

AFFECTIONS ET PRIÈRES

Mon aimable Jésus, c'est un ingrat qui se jette à vos pieds.

J'ai été reconnaissant envers les créatures ; il n'y a que pour vous que je me reconnais coupable d'ingratitude. Oui, pour vous qui êtes mort pour mon salut et qui avez épuisé tous les moyens afin de m'obliger à vous aimer. Ce qui me console, ce qui m'encourage, c'est que j'ai affaire à un cœur d'une bonté, d'une miséricorde infinies, et qui promet d'oublier toutes les fautes d'un pécheur qui se repent et qui aime.

Mon Jésus bien-aimé, je vous ai offensé dans le passé, je vous ai outragé ; mais maintenant, je vous aime plus que toutes choses et plus que moi-même. Dites-moi ce que vous voulez de votre pauvre créature, et je suis prêt à tout avec votre grâce. Je crois que vous m'avez créé, que vous avez répandu votre sang pour moi, et que vous avez donné votre vie pour l'amour de moi. Je crois aussi que vous demeurez pour moi dans le Sacrement de l'autel : je vous en remercie, ô mon amour ! Je vous en prie, ne permettez plus qu'à l'avenir j'aie l'ingratitude d'oublier de nouveau tant de bienfaits et tant de témoignages de votre amour. Attachez-moi étroitement à votre Cœur, et ne souffrez pas que, pendant le temps qui me reste à vivre sur la terre, j'aie le malheur de vous causer encore des déplaisirs et des amertumes. Assez d'offenses, ô mon Jésus ! je veux maintenant vous aimer. Ah ! si je pouvais retrouver les années que j'ai perdues ! Mais non ! le temps passé ne revient plus. Eh bien, mon Dieu, quel que soit le temps qui me reste encore à vivre, je veux l'employer à vous aimer, vous qui êtes le souverain bien, et qui méritez un amour éternel et infini.

Ô Marie, ô ma Mère, ne permettez pas que je redevienne ingrat envers votre divin Fils : priez Jésus pour moi.

HUITIÈME MÉDITATION

LE CŒUR DE JÉSUS MÉPRISÉ

Pour un cœur qui aime, il n'y a pas de plus grande peine que de voir son amour méprisé. Et plus les témoignages de cet amour ont été grands, plus l'ingratitude est amère.

Supposons que tous les hommes renoncent aux biens de la terre. Chacun d'eux s'en irait vivre dans un désert, il ne prendrait pour nourriture que des herbes sauvages, il coucherait sur la dure vaincu par le sommeil, il macérerait son corps avec de rudes pénitences, et il finirait par se faire martyriser pour Jésus-Christ : grand sacrifice assurément ! Et, cependant, que serait-ce encore que cette compensation que l'homme rendrait au Fils de Dieu pour les souffrances, pour le sang et pour la vie que l'amour divin lui a consacrés ! Et nous-mêmes, si à chaque instant nous pouvions offrir à Dieu le sacrifice de notre vie, certainement ce ne serait encore que bien peu de chose en reconnaissance de l'amour que Jésus-Christ nous a témoigné en se donnant à nous dans le très-saint Sacrement. Pensez-y donc ! Un Dieu qui se cache sous les espèces d'un peu de pain, et qui se fait la nourriture de sa pauvre créature !

Mais encore, ô mon Dieu, quelle est la récompense, quelle est la reconnaissance de l'homme pour Jésus-Christ ? Quelle est-elle ? oui. Hélas ! je ne vois que mauvais traitements, mépris de ses lois, de ses maximes, avec des injures telles qu'on ne voudrait pas s'en rendre coupable à l'égard d'un ennemi, d'un esclave, du dernier de la terre.

Et nous pourrions penser à ces crimes qui ont été commis et que l'on commet encore tous les jours contre Jésus-Christ, sans en ressentir une profonde douleur ! Et nous ne chercherions pas dans notre amour une compensation que nous puissions offrir à l'amour immense du Cœur divin ! Voyez-le donc au Sacrement de l'autel : il est toujours embrasé du même amour pour nous, toujours empressé à nous communiquer ses biens, à se donner lui-même, et toujours prêt à nous recevoir dans son Cœur, aussi souvent que nous allons à lui : *Qui venit ad me, non ejiciam foras.* (Joan. VI, 37.)

Nous nous accoutumons à entendre parler de la création, de l'Incarnation, de la Rédemption, de la naissance de Jésus dans une étable, de sa mort sur la croix. Ah Dieu ! si nous apprenions qu'un homme a réalisé pour nous quelque chose de ces bienfaits incomparables, nous ne pourrions certainement nous empêcher de l'aimer. Il faut donc que Dieu seul soit, pour ainsi dire, assez malheureux avec les hommes, pour ne pouvoir parvenir à s'en faire aimer, après avoir fait tout lui-même pour obtenir leur amour. Ce n'est pas assez : au lieu de l'amour, c'est le mépris, c'est l'humiliation que Jésus-Christ recueille. Toutes ces ingratitudes ont leur source dans l'oubli que font les hommes de l'amour de Dieu.

AFFECTIONS ET PRIÈRES

Ô Cœur de mon Jésus, abîme de miséricorde et d'amour, à la vue de vos bontés et de mon ingratitude, comment ne pas mourir, et mourir de douleur ? Divin Sauveur, après m'avoir donné l'être, après avoir offert à Dieu pour moi votre sang, votre vie ; après vous être livré, pour mon amour, aux ignominies et à la mort, ce n'a pas encore été assez pour vous, vous avez trouvé le moyen de vous sacrifier tous les jours dans la sainte Eucharistie, au risque de vous y exposer à toutes les injures que vous aviez prévues de la part des hommes

Ô Dieu, comment puis-je me voir si ingrat, et ne pas mourir de confusion ! Ah ! Seigneur, mettez un terme à ces ingratitudes ; blessez mon cœur de votre saint amour, et faites que je sois maintenant tout à vous. Souvenez-vous du sang et des larmes que vous avez répandus pour moi, et pardonnez-moi. Que tant de souffrances dans votre vie ne soient pas perdues pour moi !

Seigneur, tout ingrat, tout indigne que j'étais de votre amour, vous n'avez pas laissé de m'aimer, alors même que je ne vous aimais pas et que je ne désirais pas votre amour. Mais maintenant, maintenant que je ne veux plus rien autre chose que vous aimer, et que je ne soupire plus qu'après votre amour, combien plus ne dois-je pas espérer que vous daignerez me l'accorder ! Je vous en supplie, donnez pleine satisfaction à ce désir de mon cœur, ou pour mieux dire, à ce désir de votre cœur, puisque c'est vous qui me l'avez donné. Faites que ce jour soit celui de mon entière conversion ; que je commence enfin à vous aimer, vous le souverain bien, pour ne plus jamais renoncer à cet amour. Faites aussi que je meure à moi-même en toutes choses, afin de ne plus vivre que pour vous, et pour brûler toujours des feux de votre amour.

Ô Marie, votre Cœur a été l'autel bienheureux sur lequel a toujours brûlé le feu de l'amour divin ; ma chère Mère, rendez-moi semblable à vous ; priez, demandez pour moi cette grâce à votre divin Fils : il prend plaisir à vous honorer, et il ne refuse rien de ce que vous lui demandez.

NEUVIÈME MÉDITATION

LE CŒUR FIDÈLE DE JÉSUS

Oh ! que le cœur si bon de Jésus est fidèle envers ceux qu'il appelle à son saint amour ! *Fidelis est qui vocavit vos, qui etiam faciet.* (I Thess. v, 24.) V,

La fidélité de Dieu nous donne la confiance de tout espérer, alors même que nous ne méritons rien. Ce n'est pas tout. Quand même nous aurions eu le malheur de chasser Dieu de notre cœur, ouvrons-lui la porte, et aussitôt il entrera, suivant la promesse qu'il en a faite, lorsqu'il a dit : « Si quelqu'un m'ouvre la porte, j'entrerai chez lui, et je m'assoirai à sa table : *Si quis aperuerit mihi januam, intrabo ad illum, et cœnabo cum illo.* » (Apoc. III, 20.)

Si nous désirons obtenir ces grâces, demandons-les à Dieu au nom de Jésus-Christ, et il nous a promis de nous les accorder : *Si quid petieritis Patrem in nomine meo, dabit vobis.* (Joan. XVI, 23.) Sommes-nous tentés ? ayons confiance en ses mérites, et il ne permettra pas que nos ennemis soient plus forts que nous : *Fidelis autem Deus est, qui non patietur vos tentari supra id quod potestis.* (I Cor. x, 13.)

Oh ! qu'il vaut bien mieux avoir affaire à Dieu qu'aux hommes ! Que de fois les hommes promettent, et manquent à leur parole ! Ils mentent à leurs promesses, ou bien c'est leur volonté qui change après leur parole donnée. Oui, mais Dieu n'est pas comme l'homme : il ne ment jamais ; et il ne ressemble pas au fils de l'homme : il ne change jamais : *Non est Deus quasi homo, ut mentietur ; nec ut filius hominis, ut mutetur.* (Num. XXIII, 19.)

Il n'est pas possible que Dieu soit infidèle dans ses promesses : il est la vérité même, et il ne peut mentir. Et sa volonté ne peut changer non plus, parce que tout ce qu'il veut est juste et droit. Comment, il a promis de recevoir tous ceux qui viennent à lui, de leur accorder le secours qu'ils demandent, et d'aimer ceux qui l'aiment ; et il manquerait à sa parole ? *Dixit ergo, et non faciet ?* (Num. XXIII, 19.) Oh ! si nous avions pour Dieu la fidélité qu'il a pour nous !

Quant à nous, dans le passé, combien de fois n'avons-nous pas promis à Dieu de lui appartenir, de le servir, de l'aimer ; et nous l'avons trahi, nous nous sommes affranchis de son service, et nous nous sommes vendus comme esclaves au démon ! Ah ! du moins, prions-le maintenant de nous donner la force dont nous avons besoin pour lui demeurer fidèles dans l'avenir. Que nous serons heureux si nous sommes fidèles envers Dieu dans le peu de choses qu'il nous demande ! Quant à lui, nous pouvons être sûrs de sa fidélité dans les récompenses abondantes qu'il a promises à ses serviteurs fidèles. « Oui, courage, bon et fidèle serviteur ; parce que tu as été fidèle dans les petites choses, je te le promets, tu seras établi dans les grandes : entre maintenant dans la joie de ton Seigneur : *Euge, serve bone et fidelis ; quia super pauca fuisti fidelis, super multa te constituam : intra in gaudium Domini tui.* » (Matth. XXV, 21.)

AFFECTIONS ET PRIÈRES

Mon cher Rédempteur, ah ! si j'avais été aussi fidèle envers vous que vous l'avez été envers moi ! Toutes les fois que je vous ai ouvert mon cœur, vous y êtes entré pour me pardonner et me recevoir en votre grâce ; et toutes les fois que je vous ai appelé, vous êtes venu bien vite à mon aide. Vous avez été fidèle envers moi, oui ; mais moi, je n'ai été que trop infidèle envers vous ! Je vous avais promis de vous servir ; et, si souvent ensuite, je me suis éloigné de vous ! Je vous avais promis de vous aimer ; et tant de fois j'ai donné un démenti à ma parole ! Comme si vous, mon Dieu, vous qui m'avez créé et qui m'avez racheté, comme si vous étiez moins digne de mon amour que la créature, et les misérables satisfactions pour lesquelles je vous ai abandonné !

Pardonnez-moi, ô mon Jésus ! Je reconnais mon ingratitude, et je l'ai en horreur. Je reconnais que vous êtes la bonté infinie, et que vous méritez un amour infini, de ma part surtout, après que je vous ai tant offensé et après que vous m'avez tant aimé ! Pauvre créature que je suis ! ah ! si j'allais me damner ! Alors, les grâces que vous m'avez accordées, les témoignages tout particuliers que vous m'avez donnés de votre amour, toutes ces faveurs deviendraient l'enfer de mon enfer.

Non, non, mon amour, qu'il n'en soit pas ainsi pour moi ! ayez pitié de moi. Ne permettez pas que je vous abandonne de nouveau ; ne permettez pas qu'en me damnant, comme je le mériterais, j'aie le malheur de continuer, dans l'enfer, à payer avec des injures et par la haine l'amour que vous avez eu pour moi.

Cœur tendre et fidèle de mon Jésus, je vous en prie, enflammez mon misérable cœur, afin qu'il brûle pour vous, comme le vôtre a brûlé pour moi. Maintenant, ô mon Jésus, il me semble que je vous aime ; mais c'est trop peu, faites donc que je vous aime beaucoup, et que je vous demeure fidèle jusqu'à la mort. C'est la grâce que je vous demande, avec celle de vous la demander toujours. Faites-moi mourir plutôt que de vous trahir de nouveau.

Ô Marie, ô ma Mère, aidez-moi à demeurer toujours fidèle à votre divin Fils.

COR DEI ET COR HOMINIS

LE CŒUR DE DIEU ET LE CŒUR DE L'HOMME

Ducam eam in solitudinem, et loquar ad cor ejus.
Je conduirai dans la solitude *toute créature qui a péché*, et je parlerai à son cœur.

— OSE. II, 14.

Præbe, fili mi, cor tuum mihi..., gaudebit tecum cor meum.
Mon fils, donnez-moi votre cœur..., et mon cœur se réjouira avec vous.

— PROV. XXIII, 26. XXIII, 15.

Paratum cor meum, Deus, paratum cor meum.
Mon cœur est prêt, Seigneur ; mon cœur est prêt.

— PSALM. LVI, 8.

Stude sapientiæ, fili mi, et lætifica cor meum.
Mon fils, appliquez-vous à la sagesse, et réjouissez mon cœur.

— PROV. XXVII, II.

Quid est homo, quia magnificas eum ? aut quid apponi erga eum cor tuum ?

Qu'est-ce que l'homme, Seigneur, pour que vous daigniez abaisser votre cœur jusqu'à lui et le faire si grand ?

— JOB. VII, 17.

Appone cor ad doctrinam meam.
Appliquez votre cœur à ma doctrine.

— PROV. XXII, 17.

In toto corde meo scrutador mandata tua.
Seigneur, je scruterai vos commandements de tout mon cœur.

— PSALM. CXVIII, 69.

Suscipiat verba mea cor tuum.
Recevez mes paroles dans votre cœur.

— PROV. IV, 4.

Dabis servo tuo cor docile.
Donnez à votre serviteur un cœur docile.

— III REG. III, 9.

Custodi eloquia mea in medio cordis tui.
Conservez mes préceptes au milieu de votre cœur.

— PROV. IV, 21.

Meditatio cordis mei in conspectu tuo semper.
Seigneur, la méditation de mon cœur est sans cesse devant vous.

— PSALM. XVIII, 15.

Redite, prævaricatores, ad cor.
Revenez, prévaricateurs, rentrez en votre cœur.

— ISAÏ. XLVI, 8.

Homo videt ea quæ parent ; Dominus autem intuetur cor.
L'homme voit ce qui paraît ; mais c'est au cœur que Dieu regarde.

— I REG. XVI, 7.

Audite me, duro corde, qui longe estis a justitia.
Écoutez-moi, hommes au cœur dur, qui êtes si loin de la justice.

— ISAÏ. XLVI, 12.

Cor durum habebit male in novissimo.
Le cœur dur sera accablé de maux à la fin de sa vie.

— ECCLI. III, 27.

Revertaris ad Dominum in toto corde.
Revenez au Seigneur de tout votre cœur.

— DEUT. XXX, 10.

Cor contritum et humiliatum, Deus, non despicies.
Seigneur, vous ne mépriserez pas un cœur contrit et humilié.

— PSALM. L, 19.

Audi, popule stulte, qui non habes. cor.
Écoute, peuple insensé, qui n'as pas de cœur.

— JEREM. V, 21.

Fornicati et ebrietas auferunt cor.
C'est la fornication et l'ivresse qui étouffent le cœur.

— OSE. IV, 11.

Dirige cor tuum in viam rectam.
Dirigez votre cœur dans la voie droite.

— JEREM. XXXI, 21.

Cor hominis disponit viam suam : sed Domini est dirigere gressus ejus.
Le cœur de l'homme délibère sur sa conduite ; mais c'est le Seigneur qui dirige ses pas.

— PROV. XVI, 9.

Facite cor novum et spiritum novum.
Faites-vous un cœur nouveau et un esprit nouveau.

— ÉZECH. XVIII, 31.

Cor mundum crea in me, Deus, et spiritum rectum innova in visceribus meis.
Seigneur, créez en moi un cœur pur, et renouvelez dans mes entrailles votre esprit de justice.

— PSALM. L, 12.

Habe fiduciam in Domino ex toto corde.
Ayez confiance en Dieu de tout votre cœur.

— PROV. III, 5.

Exultbit cor meum in salutari tuo.
Mon cœur sera transporté de joie à cause du salut que vous me procurerez.

— PSALM. XII, 6.

Non pertimescat cor vestrum.
Que votre cœur ne se laisse point aller à la crainte.

— DEUT. XX, 3.

Si consistant adversum me castra, non timebit cor meum.
Quand même tous les camps s'élèveraient contre moi, mon cœur ne craindra pas.

— PSALM. XXVI, 3.

Noli timere, et cor tuum ne formidet.
N'ayez pas peur, et que votre cœur ne soit pas effrayé.

— ISAÏ. VII, 4.

A verbis tuis formidavit cor meum.
Seigneur, ce sont vos paroles qui font trembler mon cœur.

— PSALM. CXVIII, 161.

Ne dederis in tristitia cor tuum.
Ne laissez point aller votre cœur à la tristesse.

— ECCLI. XXXVIII, 21.

Cor pravum dabit tristitiam, et homo peritus resistet illi.
Le cœur corrompu causera de la tristesse, et l'homme habile lui résistera.

— ECCLI. XXXVI, 22.

Ut quid cogitatis mala in cordibus vestris ?
Pourquoi pensez-vous le mal dans votre cœur ?

— MATTH. IX, 4.

De corde exeunt cogitationes malæ.
C'est du cœur que sortent les mauvaises pensées.

— MATTH. XV, 19.

Tristitia implevit cor vestrum.
À ma parole, la tristesse a rempli votre cœur.

— JOAN. XVI, 6.

Cor meum conturbatum est in me ; formido mortis cecidit super me.
Mon cœur s'est troublé au dedans de moi j'ai peur de la mort.

— PS. LIV, 5.

Videbo vos, et gaudebit cor vestrum.
Je vous verrai, et votre cœur sera dans la joie.

— JOAN. XVI, 22.

Lætetur cor meum, ut timeat nomen tuum.
Que mon cœur se réjouisse, et qu'il craigne votre nom.

— PSALM. LXXXV, II.

Viriliter age, et confortetur cor tuum.
Agissez vaillamment, et que votre cœur se fortifie.

— PSALM. IX, 20.

In corde meo consilium corrobora.
Seigneur, confirmez dans mon cœur la résolution que j'ai prise.

— JUDITH. IX, 18.

Omni custodia serva cor tuum, quia ex ipso vita procedit.
Mettez tous vos soins à garder votre cœur, car toute vie prend en lui sa racine.

— PROV. IV, 23.

Pone me in signaculum super cor tuum.
Placez-moi comme un sceau sur votre cœur.

— CANT. VIII, 6.

Cavete, ne forte decipiatur cor vestrum.
Prenez garde, pour que votre cœur ne soit pas déçu.

— DEUT. XI, 16.

Non adhæsit mihi cor pravum.
Celui dont le cœur est corrompu n'a aucune société avec moi.

— PSALM. C, 3.

Non æmuletur cor tuum peccatores.
Que votre cœur n'envie pas le sort des pécheurs.

— PROV. XXIII, 17.

Dimisi eos secundum desideria cordis eorum.
Je les ai abandonnés aux désirs de leur cœur.

— PSALM. LXXX, 13.

In bono sit cor tuum in diebus juven tutis tuæ.
Fixez votre cœur dans le bien aux jours de votre jeunesse.

— ECCL. XI, 9.

Perambulabam in innocentia cordis mei, in medio domus meæ.
J'ai marché dans l'innocence de mon cœur au milieu de ma maison.

— PSALM. C, 2.

Ne sequaris concupiscentiam cordis tui.
Ne vous laissez point aller à la concupiscence de votre cœur.

— ECCLI. V, 2.

Ure renes meos et cor meum.
Seigneur, brûlez mes reins et mon cœur.

— PSALM. XXV, 2.

Divitiae si affluant, nolite cor apponere.
Si les richesses vous sont données en abondance, n'allez pas y attacher votre cœur.

— PSALM. LXI, 11.

Qui indocti sunt, in cordis egestate morientur.
Les ignorants mourront dans la disette du cœur.

— PROV. X, 21.

Cor inopis ne afflixeris.
N'affligez pas le cœur de l'indigent.

— ECCLI. IV, 3.

Cor viduæ consolatus sum ; justitia indutus sum.
J'ai consolé le cœur de la veuve, et je me suis revêtu de la justice.

— JOB. XXIX, 13.

Aufer iram a corde tuo.
Ne conservez pas la colère dans votre cœur.

— ECCL. XI, 10.

Deus mollivit cor meum.
C'est Dieu qui a adouci mon cœur.

— JOB. XXIII, 16.

Non oderis fratrem tuum in corde tuo.
Que la haine contre votre frère n'entre jamais dans votre cœur.

— LEVIT. XIX, 17.

Multitudinis credentium erat cor unum et anima una.
La multitude des croyants n'avait qu'un cœur et qu'une âme.

— ACT. IV, 32.

Inclina cor tuum ad cognoscendam prudentiam.
Appliquez votre cœur à connaître la prudence.

— PROV. II, 2.

Da mihi intellectum, et scrutabor legem tuam ; et custodiam illam in corde meo.
Donnez-moi l'intelligence, et je scruterai votre loi, et je la garderai dans mon cœur.

— PSALM. CXVIII, 34.

Beati mundo corde.
Heureux ceux qui ont le cœur pur !

— MATTH. V, 8.

Fiat cor meum immaculatum.
Faites, Seigneur, que mon cœur se conserve sans tache.

— PSALM. CXVIII, 80.

Ubi est thesaurus tuus, ibi et cor tuum erit.
Là où se trouve votre trésor, là est aussi votre cœur.

— MATTH. VI, 21.

Ego dormio, et cor meum vigilat.
Je dors, mais mon cœur veille.

— CANT. V, 2.

Discite a me quia mitis sum et humilis corde.
Apprenez de moi que je suis doux et humble de cœur.

— MATTH. XI, 29.

Domine, non est exaltatum cor meum, neque elati sun oculi mei.
Seigneur, mon cœur ne s'est point enflé d'orgueil, et mes yeux se sont baissés humblement devant vous.

— PSALM. CXXX, I.

Diliges Dominum Deum tuum ex toto corde tuo.
Vous aimerez le Seigneur votre Dieu. de tout votre cœur.

— MATTH. XXII, 37.

Cor meum et caro mea exultaverunt in Deum vivum.

Mon cœur et ma chair font éclater, par des transports de joie, l'amour qu'ils ont pour le Dieu vivant.

— PSALM. LXXXIII, 3.

Nonne cor nostrum ardens erat, dum loqueretur in via ?

N'est-il pas vrai que notre cœur brûlait, pendant que Jésus nous parlait sur le chemin ?

— LUC. XXIV, 32.

LITANIES DU SACRÉ-COEUR DE JÉSUS

Seigneur, ayez pitié de nous.
   Christ, ayez pitié de nous.
Seigneur, ayez pitié de nous.
Christ, écoutez-nous.
Christ, exaucez-nous.
Dieu le Père, du haut des cieux, ayez pitié de nous.
Dieu le Fils, Rédempteur du monde, ayez pitié de nous.
Dieu le Saint-Esprit, ayez pitié de nous.
Trinité Sainte, qui êtes un seul Dieu, ayez pitié de nous.
Cœur de Jésus, uni substantiellement au Verbe, ayez pitié de nous.
Cœur de Jésus, sanctuaire de la Divinité, ayez pitié de nous.
Cœur de Jésus, temple de la Sainte Trinité, ayez pitié de nous.
Cœur de Jésus, trésor de sagesse, ayez pitié de nous.
Cœur de Jésus, maison de Dieu et porte du ciel, ayez pitié de nous.
Cœur de Jésus, siège de la grandeur et de la majesté de Dieu, ayez pitié de nous.
Cœur de Jésus, le désir des collines éternelles, ayez pitié de nous.
Cœur de Jésus, qui reposez parmi les lys, ayez pitié de nous.
Cœur de Jésus, océan de bonté, ayez pitié de nous.
Cœur de Jésus, trône de miséricorde, ayez pitié de nous.

Cœur de Jésus, trésor qui ne s'épuise jamais, ayez pitié de nous.

Cœur de Jésus, magnifique envers ceux qui vous invoquent, ayez pitié de nous.

Cœur de Jésus, de la plénitude duquel nous avons été tous enrichis, ayez pitié de nous.

Cœur de Jésus, notre vie et notre résurrection, ayez pitié de nous.

Cœur de Jésus, notre paix et notre réconciliation, ayez pitié de nous.

Cœur de Jésus, modèle de toutes les vertus, ayez pitié de nous.

Cœur de Jésus, infiniment aimant et infiniment aimable, ayez pitié de nous.

Cœur de Jésus, source d'eau qui jaillit jusqu'à la vie éternelle, ayez pitié de nous.

Cœur de Jésus, objet des complaisances du Père céleste, ayez pitié de nous.

Cœur de Jésus, hostie vivante, sainte et agréable à Dieu, ayez pitié de nous.

Cœur de Jésus, propitiation pour nos péchés, ayez pitié de nous.

Cœur de Jésus, rempli d'amertume à cause de nous, ayez pitié de nous.

Cœur de Jésus, triste jusqu'à la mort au jardin des Oliviers, ayez pitié de nous.

Cœur de Jésus, rassasié d'opprobres, ayez pitié de nous.

Cœur de Jésus, blessé d'amour, ayez pitié de nous.

Cœur de Jésus, obéissant jusqu'à la mort de la croix, ayez pitié de nous.

Cœur de Jésus, épuisé de sang sur la croix, ayez pitié de nous.

Cœur de Jésus, percé par la lance, ayez pitié de nous.

Cœur de Jésus, brisé de douleur à cause de nos péchés, ayez pitié de nous.

Cœur de Jésus, maintenant encore outragé par des ingrats dans le très-saint Sacrement de votre amour, ayez pitié de nous.

Cœur de Jésus, refuge des pécheurs, ayez pitié de nous.

Cœur de Jésus, force des faibles, ayez pitié de nous.

Cœur de Jésus, consolation des affligés, ayez pitié de nous.

Cœur de Jésus, persévérance des justes, ayez pitié de nous.

Cœur de Jésus, salut de ceux qui espèrent en vous, ayez pitié de nous.

Cœur de Jésus, espérance des mourants, ayez pitié de nous.

Cœur de Jésus, doux appui de tous vos adorateurs, ayez pitié de nous.

Cœur de Jésus, délices des Saints, ayez pitié de nous.

Cœur de Jésus, notre aide dans les tribulations qui ont fondu sur nous, ayez pitié de nous.

Agneau de Dieu, qui effacez les péchés du monde, pardonnez-nous, Seigneur.

Agneau de Dieu, qui effacez les péchés du monde, exaucez-nous, Seigneur.

Agneau de Dieu, qui effacez les péchés du monde, ayez pitié de nous.

Christ, écoutez-nous.

Christ, exaucez-nous.

V. Jésus, doux et humble de cœur,

R. Rendez notre cœur semblable au vôtre.

ORAISON.

Seigneur Jésus, qui, par un nouveau bienfait, avez daigné ouvrir à votre Église les richesses ineffables de votre Cœur, faites que nous puissions rendre amour pour amour à ce Cœur adorable, et, par de dignes hommages, réparer les outrages dont l'ingratitude des hommes ne cesse de l'affliger.

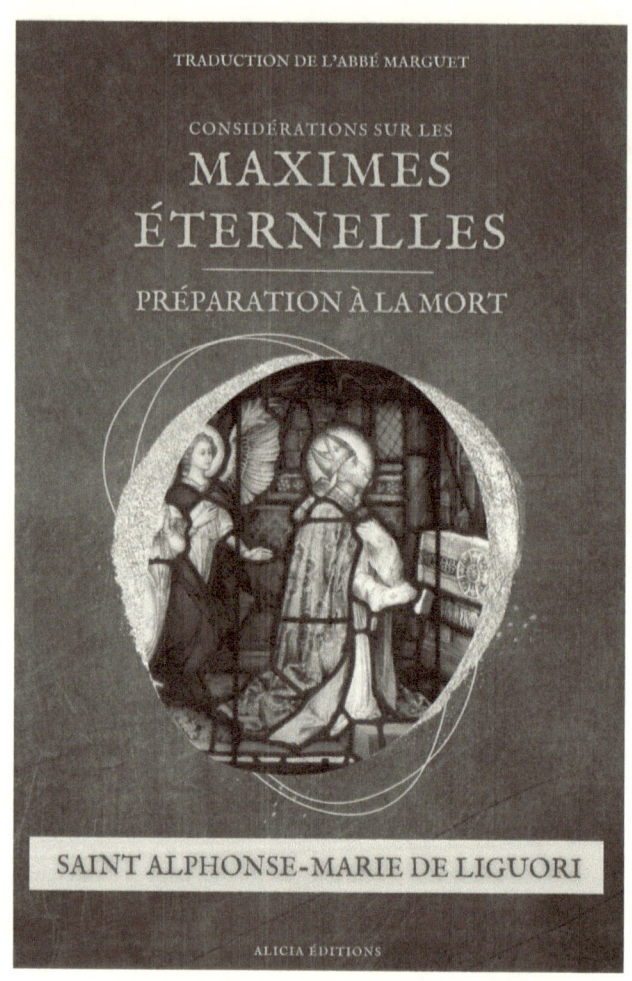

Également du même auteur

Copyright © 2025 by ALICIA EDITIONS
Crédits image : Canva, Wikipédia Commons L'image traditionnelle du Sacré-Cœur de Jésus, par Pompeo Batoni (1767), en l'église del Gesù de Rome.
https://fr.wikipedia.org/wiki/Sacr%C3%A9-C%C5%93ur_de_J%C3%A9sus#/media/Fichier:SacredHeartBatoni.jpg
Tous droits réservés

www.ingramcontent.com/pod-product-compliance
Lightning Source LLC
LaVergne TN
LVHW092009090526
838202LV00002B/62